Margaret Craven

Ich hörte die Eule, sie rief meinen Namen

Roman

Deutsch
von Kai Molvig

Rowohlt

Die amerikanische Originalausgabe erschien 1973
unter dem Titel «I Heard the Owl Call My Name»
im Verlag Doubleday & Company, Inc., Garden City, New York
Schutzumschlag- und Einbandentwurf:
Werner Rebhuhn

1.–8. Tausend Februar 1976
9.–13. Tausend Oktober 1976
14.–17. Tausend März 1977
18.–19. Tausend April 1978

Gesamtherstellung: Clausen & Bosse, Leck/Schleswig
Printed in Germany
ISBN 3 498 00843 9

Inhalt

Erster Teil
Ja, Hochwürden – Nein, Hochwürden

Der Arzt sagte zum Bischof: «Das bedeutet, Hochwürden, länger als drei Jahre wird Ihr junger Vikar nicht mehr zu leben haben, aber er weiß nichts davon. Werden Sie es ihm sagen? Und was haben Sie mit ihm vor?»

Der Bischof sagte zum Arzt: «Ja, ich werde es ihm sagen, aber noch nicht jetzt. Wenn ich es ihm jetzt sage, wird er sich zu sehr auflehnen. Wieviel Zeit bleibt ihm noch für ein tätiges Leben?»

«Knapp zwei Jahre, wenn er Glück hat.»

«So wenig Zeit, um so viel zu lernen? Das läßt mir keine Wahl. Ich werde ihn in meinen schwierigsten Pfarrbezirk schicken. Ich werde ihn nach Kingcome schicken, zur Betreuung der Indianer-Dörfer.»

«Dann kann ich nur hoffen, daß Sie für ihn beten werden, Hochwürden.»

Doch der Bischof antwortete darauf nur in freundlichem Ton, wäre er noch einmal jung, würde er selbst gern dorthin gehen, an Stelle des Vikars.

I

Er stand am Steuerruder, die Strömung und die den Heringen auflauernden Adler im Blick, die erst aufflogen, wenn das Boot sie fast streifte, um sich gleich darauf wieder niederzulassen. Die Gipfel der Inselberge waren in Wolken verborgen; die Hänge fielen steil ab, und die sie bedeckenden Tannen hörten genau dort auf, wo die Flut ihren höchsten Stand erreichte, so daß jetzt, bei Niedrigwasser, die geologische Beschaffenheit der Küste von British Columbia zu sehen war – ein sich geradlinig dahinziehendes Band aus feuchtem, dunklem Gestein.

«Da sind die Spuren eines alten Dorfes», sagte der junge Indianer, sein Matrose.

Seine Augen suchten unwillkürlich nach einer flachen Stelle am Ufer, wo man Kanus an Land ziehen konnte. Doch es gab keine flache Stelle. Es gab nichts als das geradlinige glatte Felsband und einen zerfallenen Haufen von irgend etwas Zerbrochenem, der sich im grauen Regen weiß vom Grün der Fichten abhob. Er entsann sich an den Ausspruch, den Caleb erwähnt hatte, und wiederholte ihn nun:

«Wenn Ihr Muschelschalen seht, so wisset, daß es Indianergebiet ist. Laßt die Hände davon.»

«Königin Viktoria», sagte der junge Indianer rasch. «Manche haben nicht auf sie gehört.»

Caleb hatte ihn auf ihn vorbereitet, den ersten Indianer, den er kennenlernen sollte: «Er hat ein Jahr lang in einer kleinen Eisenhüttenstadt gearbeitet und will jetzt so schnell wie möglich in sein Dorf zurück. Bevor Sie nicht Ihr Patent haben, können Sie das Boot nicht ohne ihn fahren. Schon mit zehn Jahren wußte er mit einem Motorboot umzugehen, und er hat mehr Ahnung von der Küste, als Sie je haben werden. Sie werden ihn vielleicht für scheu halten, aber da irren Sie sich. Sie brauchen ihm nur die Hand zu geben, dann merken Sie sofort, daß das für ihn weiter nichts als eine angelernte Geste ist. In seinen Augen wird Ihnen ein bestimmter Ausdruck auffallen, ein Ausdruck, dem Sie bei ihnen allen begegnen werden. Ihre Aufgabe ist es, herauszufinden, was dieser Ausdruck bedeutet und was man da tun kann. Er wird Sie ständig beobachten – das werden sie alle tun –, und wenn er die Zeit für gekommen hält, wird er ja oder nein zu Ihnen sagen.»

Caleb, der alte, im Ruhestand lebende Kanonikus, hatte ihn in Empfang genommen und ihn mit allen erfreulichen – und unerfreulichen – Eigenheiten der Motorbarkasse vertraut gemacht, von der sein Leben abhängen würde.

Rückwärts. Vorwärts. Die Meerenge hinauf und hinunter. Hinein in die seichteren Buchten und wieder heraus, bei leichtem Wellengang, bei mittlerem Wellengang, bei Sturm. Die Gezeitentabelle neben dem Kompaß – man kam mit der Flut, man ging mit der Flut, man wartete auf die Flut, und manchmal betete man auch um sie. Öldruck und Wellenlager kontrollieren. Bilge lenzen. Vorsicht vor treibenden Baumstämmen. Die Lichter in den Masten der Schlepper zählen, die die Größe der Schwimmbäume anzeigen.

Da Caleb alt war, hatte der junge Mann natürlich gedacht, der Kanonikus würde geschwätzig sein und voller Erinnerungen stekken, doch er hatte sich geirrt. Es war bei der Unterhaltung ausschließlich um nautische Dinge gegangen. Selbst beim Essen in der Kombüse, vom Jüngeren zubereitet, hatte Caleb nur hin und wieder eine Bemerkung fallenlassen, die sicherlich kein göttlicher Ratschlag war, aber es doch wohl sein mußte.

«Denken Sie immer daran, das viktorianische ‹wir› zu benutzen, junger Freund.»

«Wenn Sie jemanden bestatten, versäumen Sie nicht, abschließend noch einen Blick in den Sarg zu werfen. Vor vierzig Jahren habe ich in Fort Rupert den falschen Mann beerdigt, und das hat die Royal Canadian Mounted Police bis heute nicht vergessen.»

«Nennen Sie sie nicht Kannibalen. Das hat im Grunde nie gestimmt. Kein Lebender hat je den berühmt-berüchtigten Tanz gesehen, bei dem der vom Menschenfressergeist besessene junge Mann unter wildem Geschrei mit einer Leiche vom Bestattungsbaum zum Dorf zurückkehrt.»

Dann hatten sie eines Abends in den kleinen Hafen von Powell River festgemacht, dem Ort, wo der junge Indianer gearbeitet hatte und wo Caleb lebte.

«Morgen in aller Frühe wird er hier sein und Ihnen bei der Verladung des Harmoniums helfen, das die hiesige Kirche nach Kingcome schickt. Tun Sie sich nicht leid, daß Sie in einen so entlegenen Bezirk gehen. Vielmehr sollten Ihnen die Indianer leid tun – Sie wissen nichts, und die Indianer müssen Sie unterweisen», und Caleb hatte ihm den Segen erteilt und war barhäuptig im Regen davongeschlendert, ein Mann, dessen Wirken an der Küste so legendär war, daß es hieß, der Erzbischof von Canterbury nenne ihn beim Vornamen und begrüße ihn stets mit der scherzhaften Frage: «Nun, Caleb, Sie alter Fallensteller, was macht die Wilderei im Garten des Herrn?»

Dann war er allein in der Kombüse und wußte genau, was er im Blick des Indianers sehen würde. Die indianischen Dorfbewohner seines zukünftigen Sprengels hatten nie mit den Weißen Krieg geführt. Sie lebten, wo sie immer gelebt hatten. Sie gingen dem Fischfang nach, wie sie ihm immer nachgegangen waren; sie waren bekannt für ihre Intelligenz und für ihre von allen Eingeborenenstämmen auf dem Kontinent vielleicht am höchsten entwickelte Kultur. Wenn in alter Zeit ein Häuptling seine Rivalen zu einem großen Fest lud, ließ er die Flammen des offenen Feuers in der Mitte des Kulthauses nach den Deckenbalken züngeln, bis glühende Holzstückchen herabfielen, denn ohne ein Zeichen von ihm durfte kein Gast es wagen, seinen Platz zu verlassen, er hätte damit zugegeben, daß das Feuer seines Gastgebers ihn bezwungen hatte. Und wenn er seinen Gästen aus den großen Zeremonialschüsseln vorlegte, ließ er heißes Fett auf ihre nackten Arme tropfen, weil er sehen wollte, ob sie zusammenzucken würden. Oder er nahm eine der großen Kupferplatten, jede so groß wie ein Schild und in den Augen des weißen Mannes bestimmt 3000 Dollar wert, und zerbrach sie, um den Geladenen zu beweisen, wie gering er seinen eigenen Reichtum schätzte. Und sicherlich machte er dabei eine verächtliche Miene.

Am nächsten Morgen erwachte er zeitig, kleidete sich an, stellte den Kaffeetopf aufs Feuer, stieg zum Ruderhaus hinauf und trat an Deck. Auf dem Floß, an dem sie angelegt hatten, stand wartend der erste.

Er wartete so geduldig, als habe er sein Leben lang nichts anderes getan, ja, als sei er selbst ein Teil der Zeit. Er war vielleicht siebenundzwanzig, so alt wie der junge Vikar. Er trug eine dunkle Fischerhose und eine ebensolche Jacke und über der Schulter ein Paar Gummistiefel. Neben sich, in einem verschnürten Pappkarton, hatte er seine Habseligkeiten.

Der junge Geistliche sprang auf das Floß hinunter.

«Willkommen an Bord. Ich heiße Mark – Mark Brian», und er streckte ihm die Hand hin.

«Ich heiße Jim Wallace», sagte der Indianer schüchtern und ergriff die dargebotene Hand ohne Gegendruck.

In seinen Augen stand Stolz, jedoch nichts von Arroganz. Und dahinter lag eine tiefe Trauer, die sich aus weit zurückliegenden Mysterien zu speisen schien, so daß Mark jenen leichten Schauder der Furcht oder Vorahnung verspürte, der einen überkommt, wenn man das Glück hat, der Herausforderung seines Lebens zu begegnen und sie als solche zu erkennen.

Sie gingen, Mark voran, an Bord. Da sie möglichst bald aufbrechen wollten, packten beide tüchtig an; sie verluden das Harmonium aufs Achterdeck, bedeckten es mit einer Segeltuchplane und zurrten es fest.

Dann traten sie ihre Reise an, Richtung Norden, bei leichter Dünung und peitschendem Regen. Sie fuhren an dem Fischerdorf Lund vorbei, an Cortes und Redonda und durch die Stromschnellen von Yuculta. Jim, der Indianer, hielt das Ruder und kämpfte gegen die Strömung an. Kurz vor Einbruch der Dunkelheit sahen sie ein einsames Floß in der Shoal Bay.

«Wollen wir hier übernachten?» fragte Mark vorsichtig. «Wollen wir zu Abend essen? Ich gehe nach unten und mache es schnell.»

Nun, am zweiten Nachmittag ihrer bisher zwanzigstündigen Reise, stand er am Ruder. Sie näherten sich dem ersten Dorf, das zu seinem Sprengel gehörte.

«Sind wir bald da?»

«Ja, fast. Zuerst sehen Sie die Geisterinsel. Dort haben die Indianer aus dem Dorf Gilford früher ihre Toten bestattet.»

«In der Erde?»

«Nein – in niedrigen Hütten. Die meisten sind längst eingefallen, und wenn man heute dort umhergeht, stolpert man über Schädel, die grün sind von Moos.»

Er erblickte die liebliche kleine Insel, die trotz des Regens wie ein Schmuckstück aus Jade aussah, und fuhr langsam an dem Dorf vorbei mit seinem wunderschönen Strand, der weiß war von Muschelschalen, und an der langen Reihe der dem Wasser zugewandten Häuser aus Zedernholz und an vier hohen Zedernpfosten, den Überresten eines früheren Kulthauses.

«Ist das der gleiche Stamm wie deiner in Kingcome?»

«Nein, aber wir sind nahe verwandt. Jedes Jahr im Februar kommen wir hierher, um Muscheln zu suchen. Der Regierungsbeamte, der Indian Agent, sagte einmal, wir sollten hier leben, weil er hier an Land gehen konnte, ohne nasse Füße zu bekommen.»

«Und ihr habt euch geweigert?»

«Nein. Unsere Alten sagten: Wir gehen nach Hollywood, und wir kamen hierher. Wir haben unsere Tänze getanzt, die Eiderdaunen wirbelten durch die Luft. Wir haben die berühmte, mit tausend Adlerschnäbeln besetzte Tanzdecke gesehen, und weil wir keinen Alkohol kaufen dürfen, den wir zu Hause trinken wollen, sind die Jungen hingegangen und haben zwei Masken gegen drei Kästen Bier eingetauscht, das wir ganz schnell ausgetrunken haben und wovon wir dann sehr betrunken waren.»

«Und dann?»

«Dann sind wir in unser Dorf zurückgekehrt.»

Als die Siedlung hinter ihnen lag, sah Mark, eine Handbreit oberhalb der Flutgrenze, zwei holzgeschnitzte Schwertwale, gekrönt von einem Vollmond.

«Das ist nur das Grab von Johnny Ray. Er ist ertrunken», sagte Jim erklärend. «Wenn Sie hierherkommen, um eine Trauung vorzunehmen, jemanden zu beerdigen oder im Schulhaus den Gottesdienst abzuhalten, wird man Ihnen sagen: Johnny versteckt sich im Busch, er bestiehlt uns und erschreckt unsere Frauen. Was sollen wir bloß tun?»

In Cramer Pass machte ein Rudel von Delphinen keinerlei Anstalten, dem Boot auszuweichen. Sie steckten die Köpfe aus dem Wasser, behielten das Boot im Auge, schwammen direkt darauf zu und warfen sich erst im letzten Augenblick zur Seite. Um Dieselöl und Wasser zu übernehmen, legten die beiden spätnachmittags an einem Floß an – der letzten Verbindung zur Außenwelt –, das mit

Kabeln am steilen Inselufer befestigt war und auf dem sich eine Art Laden befand, wo die Holzfäller und Indianer sich ihre Post abholten und ihre Einkäufe tätigten.

Der junge Vikar stellte sich dem Ladenbesitzer vor und übergab ihm eine Liste von Lebensmitteln, die er mitnehmen wollte.

«Der größte Auftrag in dieser Woche. Neuankömmlinge kaufen gewöhnlich nicht bei mir. Sie decken sich weiter südlich ein, wo die Sachen billiger sind.»

«Ich weiß. Caleb hat es mir gesagt.» Die Frau kümmerte sich um die Bestellung, während ihr Mann Jim beim Tanken half. Zwei junge Waschbären bettelten Mark mit sonderbar schwirrenden Lauten um Brot an und hielten es dann behutsam zwischen ihren kleinen Pfoten. Vor der Abfahrt übergab die Frau Mark ein Kleiderbündel.

«Einer Ihrer Kollegen hat seine Siebensachen hiergelassen», sagte sie. «Wahrscheinlich Caleb.» Mark öffnete das Bündel; es enthielt eine Soutane, die am Saum dick mit Schlamm verkrustet war.

Dann fuhren sie weiter. Der junge Vikar bereitete in der Kombüse das Abendessen zu und reichte die Teller voll Essen sowie zwei Becher Kaffee hinauf. Der Indianer aß am Ruder stehend; Mark setzte sich auf den hochbeinigen Hocker neben ihm.

Jetzt fuhren keine Schlepper, keine Flöße mehr vorbei. Um sie war nur noch die erhabene Einsamkeit von Wasser und Inseln. Als sie nach der Durchfahrt von Pamphrey's Pass nach Kingcome Inlet kamen, sah Mark am gegenüberliegenden Ufer die Rückenflosse eines langsam dahinziehenden Schwertwals.

«Manchmal scheuern sie sich am Boot», erzählte ihm der Indianer. «Manchmal springen sie aus dem Wasser und lassen sich mit lautem Aufschlag wieder fallen, um die Entenmuscheln loszuwerden, die sich an ihrem Bauch festgesetzt haben.»

«Warum fahren wir jetzt langsamer?»

«Weil wir an dem Floß vorbeikommen, auf dem Katastrophen-Bill, ein Holzfäller, seine Hütte stehen hat. Sehen Sie sie, dort drüben? Wenn wir zu schnell fahren, schlägt das Kielwasser unseres Bootes ihm die Nägel aus seinem Floß heraus, und er wird fluchend aus seiner Hütte herausgestürzt kommen und uns die Faust zeigen. Er trägt zwei Paar lange Unterhosen übereinander, wechselt aber nur die eine.»

«Die, die er am Körper trägt, hoffe ich.»

«Nein – die andere. Die innere ist gewissermaßen Bestandteil seiner Haut, und wenn die Frau des Ladenbesitzers auf dem Floß Sie erst besser kennt, wird sie Sie fragen, ob Sie nicht dafür sorgen können, daß er das Ding auszieht, damit sie es in die Waschmaschine stecken kann.»

«Nein, nein, das wird sie nicht.»

Sie glitten durch eine so enge Durchfahrt, daß Mark überzeugt war, das Boot werde den großen, mit braunem Tang bewachsenen Felsen streifen, der wie ein Wal ins Wasser ragte.

«Wir nennen diese Stelle die Wal-Enge, weil die Götter hier vor langer Zeit einen Wal in diesen Felsen verwandelten.»

Nun sahen sie die hohen Berge in den Himmel ragen. Am gegenüberliegenden Ufer war ein Stück nackten Granits zu sehen; ein Erdrutsch hatte dort jeden Baum und jedes Krümchen Erde weggefegt – die Stelle sah aus, als habe ein riesiger Grizzlybär mit seiner Pranke zugeschlagen. Sie sahen kleine Wasserfälle über grünbemooste Felsblöcke plätschern. Der junge Vikar dachte: Wenn der Mensch morgen von dieser Erde verschwände, so würde hier nichts davon zeugen, daß er je da war.

Sie fuhren weiter in das zwanzig Meilen tiefe Inlet hinein; die Dämmerung wurde zur Dunkelheit, die langsam fallenden Regentropfen glitzerten im Scheinwerferstrahl, und hin und wieder schoß ein kleiner Fisch durch die weiße, schaumige Bugwelle. Schließlich gelangten sie zu dem Regierungsfloß; es lag etwa fünfhundert Meter vor der Flußmündung im Wasser und rund dreieinhalb Meilen von dem Dorf Kingcome entfernt. Sie machten an der Landseite des Floßes fest, wo das Motorboot nicht schlingern konnte.

«Und wie geht es morgen früh weiter?»

«Morgen früh werden wir das kleine Beiboot zu Wasser lassen, und ich bringe Ihre Sachen und die Nahrungsmittel an Land. Aus dem Dorf hole ich ein paar Jungen und bringe zwei Kanus mit, auf die wir das Harmonium verladen, um es ins Dorf zu schaffen.»

«Den Fluß hinauf?»

«Ja. An der vor dem Fluß gelegenen Felswand werden Sie Malereien sehen – Rinder, Schafe, Ziegen und Kupferplatten –, all die Geschenke, die beim Potlatsch, unserem großen Stammesfest, verteilt wurden. Man sagt, es seien so viele gewesen, daß sie, aneinandergereiht, eine Strecke von drei Meilen ergeben hätten, vom Dorf bis nach Kingcome Inlet hinunter.»

«Sind diese Malereien sehr alt?»

«Keine dreißig Jahre. Das Potlatsch fand 1936 statt.»

In der Nacht erwachte der junge Vikar in der Bugkajüte. Es hatte aufgehört zu regnen. Durch das offenstehende Bullauge hörte er das Raunen des Windes in den Fichten und das ferne Kreischen der Möwen.

Ein Stück flußaufwärts wartete irgendwo im Dunkel der Nacht das Dorf; er lag still da und dachte daran, was der Bischof ihm darüber erzählt hatte, als zum erstenmal die Rede davon gewesen war, daß er dorthin gehen sollte.

«Es ist ein altes Dorf – niemand weiß, wie alt. Der Sage nach waren nach der großen Flut zwei Brüder die einzigen noch lebenden Menschen auf der Welt, und sie hörten eine Stimme, die sprach: ‹Komm, Wolf, leih ihnen dein Fell, auf daß sie eilends gehen und eine Heimstatt finden.› Und im Wolfsfell zogen die Brüder gen Süden, bis sie zu dem kleinen, an einem Fluß gelegenen lieblichen Tal kamen, das von hohen Bergen umringt war, und hier gaben sie ihrem Freund, dem Wolf, sein Fell wieder, und sie warfen einen Zauberstein, um zu sehen, wer von ihnen beiden sein Dorf an dieser Stelle errichten würde. Quelele, der jüngere, zog weiter, und Khawadelugha, der ältere, baute sich sein Haus, und wenn er tanzte, drehte er sich rechtsherum im Kreis, wie auch heute noch die Tänzer sich rechtsherum drehen, weil der Wolf sich rechtsherum dreht, und in seinen Totempfahl schnitzte er einen Wolf als eines seiner Stammeszeichen.

Der indianische Name des Dorfes lautet Quee, was soviel wie Binnenort bedeutet, und der Stammesgeschichte nach wurde die Stelle recht umsichtig gewählt, da der Fluß, der den einzigen Zugang zum Dorf darstellt, ziemlich heimtückisch ist und Angriffe so leicht abgewehrt werden können. Doch auch der Feind war klug. Während der großen Stammesfehden nahm er den Weg über einen Bergpaß und dann den Fluß hinunter, aber der Geist, der in Whoop-Szo wohnt, dem Lärmenden Berg auf der anderen Seite des Flusses hoch über dem Dorf, hörte den Feind kommen und schickte einen Erdrutsch zu Tal, der ihn unter sich begrub.

Heute ist Kingcome als christliches Indianerdorf bekannt, und das bedeutet, daß, wenn alles glattgehen soll, der gewählte Häuptling, der Geistliche und der Regierungsbeamte vom Indian Affairs Department auf kluge Weise Hand in Hand arbeiten müssen, und obwohl ich sicher bin, daß der Herr so etwas durch ein kleines Wunder leicht bewerkstelligen könnte, tut Er es nur selten. Da gab es einmal einen Häuptling, der mit allem und jedem einverstanden war. Ein andermal war ein Regierungsvertreter im Amt, der es für sinnlos hielt, den Indianern eine ordentliche Schulerziehung zu geben, weil man dann folgerichtig auch eine Arbeit für sie finden müßte, während sie ja doch zum Aussterben verurteilt seien. Und ein anderes Mal schickte die Kirche einen Mann nach Kingcome, der überall versagt hatte, aber man meinte, dort könne er zumindest keinen Schaden anrichten. Nun, das Dorf hat es überstanden.

Der Indianer kennt sein Dorf und hängt daran, wie kein Weißer an seinem Land, seiner Stadt oder selbst an seinem eigenen Grund und Boden hängt. Sein Dorf ist nicht das vier Meilen lange und drei Meilen breite Stück Land, das ihm gehört, solange die Sonne auf- und der Mond untergeht. Die Mythen sind das Dorf und die Winde und die Regenfälle. Der Fluß ist das Dorf und die schwarzen und die weißen Schwertwale, die die Fische bis ans Ende des Inlet treiben, um sie besser verschlingen zu können. Das Dorf ist der Lachs, der zum Laichen den Fluß aufsteigt, der Seehund, der dem Lachs folgt und ihm den Kopf abbeißt, der Blauhäher, der so heißt wie der Laut, den er von sich gibt – Kwess-kwess. Das Dorf ist der sprechende Vogel, die Eule, die den Namen des Menschen ruft, der bald sterben wird, und der silbrig schimmernde Grizzlybär, der ins Dorf getrottet kommt, und der kleine weiße Fleck auf dem Whoop-Szo, die Bergziege.

Der fünfzig Fuß hohe Totempfahl neben der Kirche ist das Dorf und der Zedernmann, der Adler, Wolf und Raben auf seinen Schultern trägt! Und zu der großen Zeder in Bond Sound sprach eine Stimme: ‹Tritt hervor, Tzakamayi, und sei ein Mensch›, und er trat hervor und war hinfort der Zedernmann, der erste Mensch – Gott des Volkes und mächtiger als alle anderen.»

Und der Bischof hatte eine kleine Weile geschwiegen, ehe er langsam hinzusetzte: «Dies also ist das Dorf. Wenn Sie dort hingehen, so sind Sie das Dorf – von dem Augenblick an, wo Sie an dem Floß vor der Flußmündung anlegen. Aber über eines müssen Sie sich klar sein: Die Leute werden es Ihnen nicht danken. Selbst wenn Sie das Dorf als gebrochener Mann verlassen, werden sie es Ihnen nicht danken. Die Kwákwala-Sprache kennt das Wort ‹danke› nicht.»

2

Am nächsten Morgen waren der junge Vikar und sein indianischer Matrose schon bei Anbruch des Tages auf den Beinen. Nach einem hastigen Frühstück in der Kombüse gingen sie an Deck und sprangen auf das Floß hinunter, um einen abschätzenden Blick auf den heraufziehenden Tag zu werfen.

Es regnete nicht mehr, der Wind hatte sich gelegt, und der mit kleinen Wolken gesprenkelte Himmel war blau.

Sie schwenkten das Beiboot aus, ließen es zu Wasser und verstauten darin die Sachen des jungen Vikars sowie, bis auf das Harmonium, alles, was für das Dorf bestimmt war. Dann zog Jim seine Gummistiefel an, löste die Leine, stieg ins Boot, ließ den Außenbordmotor an und fuhr ohne ein weiteres Wort los, auf die Flußmündung zu.

Während er fort war, hantierte der junge Vikar auf dem Boot herum. Er hatte bereits das Gefühl, es gehöre zu ihm, sei wie seine Arme und Beine ein Teil seines Ichs. Caleb hatte ihm erzählt, wie oft es passierte, daß ein Fischer sein Boot verlor, nur weil er so stark mit dem Fang beschäftigt war und nicht auf die Lage des Bootes achtete.

Mark machte langsam die Runde im Maschinenraum, in dem er alles zweimal überprüfte. Er wusch das Geschirr in der Kombüse ab und stellte es sorgsam hinter die Querstäbe des offenen Regals, die bei Sturm verhinderten, daß die Teller und Tassen herunterfielen. Er kontrollierte das Logbuch, verstaute die Seekarten, brachte die Schlafkojen in Ordnung, säuberte den Kühlschrank und schloß die Bullaugen. Als er fertig war, stand die Sonne bereits hoch am Himmel; er ging an Deck und wartete auf die Ankunft der Kanus.

Er hörte sie schon von weitem; das Geräusch der Außenbordmotoren tönte scharf durch die nach Zedern duftende Luft, und dann sah er die Boote: das eine schwarz, das andere grün, beide etwa dreißig Fuß lang und schmal gebaut.

Jim hatte vier junge Männer aus dem Dorf mitgebracht, die einander alle merkwürdig ähnlich sahen mit ihrem wachsamen, abwartenden Blick. Jim redete in ihrer eigenen Sprache mit ihnen, und nachdem sie die Kanus an das Heck des Motorbootes manövriert hatten, koppelten sie sie aneinander, während Jim und Mark die Stricke um das Harmonium lösten und die darüberliegende Plane entfernten.

Nun ging es Mark auf, daß alles, jeder einzige für Kingcome bestimmte Gegenstand, den Fluß hinaufbefördert werden mußte, und zum erstenmal begriff er die stumpfe, störrische Gleichgültigkeit der leblosen Gegenstände.

Sie schoben das Harmonium an die Bordkante des Hinterdecks. Sie zerrten, zogen, wuchteten und hievten – unbeholfen versuchte der junge Vikar, sich nützlich zu machen, voller Angst, die Kanus würden kentern und das Harmonium im Salzwasser versinken. Schließlich war das Instrument auf den Kanus ins Gleichgewicht gebracht. Mark sicherte das Motorboot, zog seine Gummistiefel an und nahm in einem der Kanus auf dem schmalen Querholz Platz, das als Sitzbank diente, und sie fuhren auf die Flußmündung zu.

Selbst an diesem Tag, einem der letzten schönen Herbsttage, war es kalt. Das Wasser, tiefgrün vom Schatten der Zedern, lag unbewegt. Über bemooste Felsen glitten kleine Wasserfälle in die Tiefe. Auf den Bergen oberhalb der Baumgrenze lag stellenweise noch Schnee. Als sie, an den Potlatsch-Malereien vorbei, die moorige Mündung des Flusses erreichten, sahen sie, wie sich die Hand an der Spitze des Grenz-Totempfahls über die Bäume emporreckte, und Hunderte von kleinen Vögeln, Enten und Wildgänsen flogen bei ihrem Nahen auf.

Sie fuhren in den Fluß ein, vorbei an vom Wasser bedeckten Baumstümpfen und ineinander verkeilten Baumstämmen, und drosselten dann die Geschwindigkeit, um eine Durchfahrt zu finden und die Untiefen bei den Sandbänken zu vermeiden. Flußaufwärts zu seiner Linken sah Mark Whoop-Szo, den Lärmenden Berg, und die weißborkigen Erlen, die das Ufer säumten; glänzend schwarze Raben kreisten darüber. Doch zur Rechten erblickte er nur eines: die kleine weiße Kirche von Saint George.

Die Indianer steuerten die Kanus ans Ufer und stiegen in den eisigen Fluß. Ebenso sorgsam und vorsichtig, wie sie das Harmonium auf den Kanus verstaut hatten, hoben sie es nun von den Booten herunter, trugen es zum schwarzen Sandstrand von Kingcome und weiter, am alten Pfarrhaus vorbei, den schmalen Pfad hinauf zur Kirche.

Sie trugen das Instrument die Stufen hinauf zu dem kleinen Vorplatz und durch die Tür und stellten es im Kirchenraum ab. Jim zog eine Bank heran, setzte sich hin und trat kräftig auf die Pedale. Mark drückte eine Taste herunter. Kein Ton war zu hören.

«O Gott.»

«Es ist ein bißchen feucht geworden. Das wird sich bald wieder geben.»

Dann ging Mark langsam den Mittelgang hinauf, auf den handgeschnitzten Altar zu und das große, ebenfalls handgeschnitzte Lesepult in Gestalt eines vergoldeten Adlers; die Fänge dicht nebeneinander, den Kopf zur Seite gewandt, blickte der Vogel höchst selbstgefällig auf seinen Hakenschnabel. Die Schwingen waren leicht gespreizt, um die Bibel zu tragen. Mark sah den geschnitzten Stuhl, auf dem der Bischof Platz nehmen mußte, wenn er hierherkam, und das lebensgroße indianische Gemälde von Christus mit einem Lämmchen im Arm. Sein Gesicht war das eines Indianers, seine Augen die eines Indianers, und in ihnen lag eine abgrundtiefe Trauer.

Er wandte sich langsam ab; er war allein in der Kirche. Er ging den Gang hinunter zur Tür und sah Jim auf den Stufen warten. Sonst war niemand zu erblicken, nicht einmal ein Kind oder ein Hund.

«Wollen wir zum Pfarrhaus gehen?» fragte Jim.

Sie gingen den schmalen, von Bäumen gesäumten Pfad zum alten Pfarrhaus zurück, und als sie näher kamen, hörte Mark einen sonderbaren Laut.

Auf den verwitterten Stufen des Pfarrhauses saß eine alte Indianerin mit zerkratztem, blutendem Gesicht. Sie jammerte laut.

«Eine von den Klageweibern», erklärte ihm Jim. «Es gibt drei. Wenn jemand stirbt, wechseln sie sich ab und klagen Tag und Nacht.»

«Ich habe sie vorhin nicht bemerkt, als wir auf dem Weg zur Kirche mit dem Harmonium hier vorbeikamen.»

«Sie hat Sie gesehen und fürchtete sich. Sie hat sich versteckt.»

«Und warum hier? Warum klagt sie hier vor dem Pfarrhaus?»

«Weil die Toten bis zur Bestattung im Pfarrhaus liegen.»

Als sie sich den Stufen näherten, verschwand die alte Indianerin zwischen den Bäumen. Jim öffnete die Tür, und sie gingen hinein. Auf Brettern, die auf zwei Böcken ruhten, lag ein kleiner Körper, zugedeckt mit einem Plastiktuch. Mark schlug es zurück, warf einen Blick auf das, was darunter lag, und deckte das Tuch sorgsam wieder darüber.

«Wer ist das?»

«Der Weesa-bedó – der winzige kleine Junge. Er hatte einen Geburtsfehler und wuchs nicht wie die anderen. Er hat am Ufer ein Papierschiffchen schwimmen lassen und ist dabei ins Wasser gefallen. Als die anderen Kinder ihn auf dem Fluß treiben sahen, dachten sie, es sei eine Puppe.»

«Und warum – warum hat man ihn noch nicht bestattet?»

«Weil die Genehmigung noch fehlt. Der Sprecher des Ältestenrates ist sogleich zur nächsten Funkstation gegangen und hat der Polizei Bescheid gesagt, doch bis jetzt ist noch niemand gekommen.»

«Dann rufen wir am besten noch einmal an.»

«Der Polizeibeamte wird heute kommen. Die alten Männer haben es gesagt.»

«Woher wissen sie das?»

«Woher wußten sie, daß Sie heute kommen? Sie wissen es fast immer. Außerdem ist heute der erste schöne Tag, und er wird bald hier sein. Von Alert Bay braucht er ungefähr fünf Stunden, und er wird vor Einbruch der Dunkelheit wieder fort wollen, und er wird jung sein und streng.»

«Woher weißt du, daß er jung sein wird?»

«Ein älterer Mann hätte nicht zehn Tage gewartet.»

«Willst du mich bitte zu der Mutter bringen?»

Doch nachdem sie den Pfad zwischen den Bäumen hindurch entlanggegangen waren, die Stufen zu einem der kleinen Zedernhäuser erklommen und an die Tür geklopft hatten und eintraten, wußte Mark nicht, was er der Frau, die drinnen wartete, sagen sollte.

Sie wartete, als habe sie ihr ganzes Leben lang gewartet, sanftmütig und geduldig, als sei sie ein Teil der Zeit selbst. Ob sie wohl daran dachte, daß früher bei den Kwakiutl-Indianern eine Mutter, wenn sie ihr Kind verloren hatte, den kleinen Leichnam dreimal mit dem Fuß anstieß und zu ihm sagte: «Sieh nicht zurück. Wende nicht den Kopf. Geh immer geradeaus. Du gehst ins Land der Eule.»

Er nahm ihre Hände in die seinen und sprach zu ihr: «Die alten Männer sagen, der Constable wird bald hier sein. Dann werden wir deinen Sohn begraben, und du wirst Ruhe finden», doch in ihren sanften, dunklen Augen zeigte sich keinerlei Reaktion. Als er zum Pfarrhaus zurückkehrte, um zu warten, sah er Jim und einen älteren Indianer, vermutlich den Sprecher des Ältestenrates, den Weg zum Fluß hinuntergehen und hörte den Motor eines Schnellbootes, sah es dann auch schon kommen und in Ufernähe beidrehen.

Der Polizeibeamte war jung, und es lag auf der Hand, weshalb er sich so viel Zeit gelassen hatte. Er hatte auf einen schönen Tag gewartet, weil er seine Freundin hatte mitbringen wollen. Er trug sie ans sandige Ufer, und Mark glaubte genau zu wissen, was er zu ihr sagte. «Sieh dich ruhig nach Herzenslust um. Aber betritt keines der Häuser, außer der Kirche. Es wird nicht lange dauern.»

Dann sprach er mit dem Sprecher des Ältestenrates. Beider Stimmen klangen laut und aufgebracht.

«Sie durften ihn nicht woanders hinbringen. Sie kennen die Vorschriften. Bei einem Unfall muß die Leiche dort bleiben, wo es passiert ist.»

«Wir waren nicht sicher, ob er wirklich tot war. Wir dachten, wir könnten ihn wiederbeleben.»

«Als euch das nicht gelang, hättet ihr ihn zudecken und an Ort und Stelle liegen lassen sollen.»

«Hier am Flußufer? Bei steigender Flut? Im Regen?»

«Wo ist die Leiche jetzt?»

«Im Pfarrhaus.»

Sie kamen auf Mark zu, gefolgt von mehreren Männern des Dorfes.

«Ich bin Constable Pearson. Wer sind Sie?»

«Mark Brian. Ich bin der neue Vikar hier.»

«Was wissen Sie über diese Angelegenheit?»

«Nichts. Ich bin gerade erst angekommen.»

«Lassen Sie uns hineingehen. Ich werde eine Obduktion veranlassen.»

«Dazu ist es etwas zu spät, fürchte ich.»

Sie betraten das Pfarrhaus. Constable Pearson zog ungeduldig das Plastiktuch von dem kleinen Leichnam und beugte sich darüber. Dann stürzte er hinaus, die altersschwachen Stufen hinunter und ins Gebüsch, wo er sich übergab. Die Indianer hatten ihren Spaß. Heiterkeit blitzte in ihren Augen auf und erfüllte ihre Gesichter, ohne daß sie eine Miene verzogen. Kein Laut war zu vernehmen. Als Constable Pearson wieder aus dem Gebüsch auftauchte, waren ihre Augen so traurig und ihre Gesichter so ernst wie vorher.

«Darf ich Ihnen eine Tasse Tee anbieten?» fragte der junge Vikar betont höflich. «Ich sehe aus den Schornsteinen mehrerer Häuser

Rauch aufsteigen. Eine Tasse Tee müßte sich leicht beschaffen lassen, denke ich.»

Constable Pearson wollte keinen Tee. Er wollte die Genehmigung für die Bestattung erteilen und das Dorf so schnell wie möglich wieder verlassen. Die Formulare mußten ausgefüllt werden. Gab es irgendwo einen Tisch? Mark führte ihn in die Kirche, und auf der Platte des Harmoniums, dem kein Ton zu entlocken war, füllten sie die Formulare aus, und der Polizeibeamte reiste ab.

«Jetzt können wir die Totenmesse für ihn abhalten», sagte Jim.

«In der Kirche?»

«Nein – im Freien. Wir haben einen neuen Begräbnisplatz, doch er ist ungefähr eine Meile vom Dorf entfernt, und wenn jemand stirbt, muß der Weg jedesmal erst freigehauen werden. Der Häuptling will, daß der Weesa-bedó auf dem alten Friedhof gleich hinter dem Dorf begraben wird. Der Sarg ist schon fertig, auch das Grab ist bereits ausgehoben, und die Bewohner versammeln sich bereits dort.»

«Ich suche schnell meine Sachen zusammen.»

«Ich helfe Ihnen», und sie wühlten in Marks Sachen, die sich auf der Veranda des Pfarrhauses türmten, bis sie eine Soutane und das Gebetbuch der anglikanischen Kirche gefunden hatten.

Dann ging Mark zum erstenmal den Hauptweg entlang, der vom einen Ende des Dorfes zum anderen führte, vorbei an den längs des Weges stehenden Zedernhäusern, am Kulthaus und an dem abgewetzten Adler, der sich oben auf einer langen, dünnen Stange im Gleichgewicht hielt. Einer der Totempfähle war so alt, daß Mark nur die oberste Figur erkennen konnte – einen Bären, auf dessen Kopf, um vor weiterer Verwitterung geschützt zu sein, höchst keck und ein wenig schief der Deckel einer Mülltonne saß.

Hinter dem Dorf begann dichter Wald. Jim schritt rasch aus; Mark raffte wegen des aufgeweichten Erdbodens seine Soutane und bemühte sich, nicht von den winzigen Baumschößlingen abzugleiten, die einen Steg über eine morastige Stelle bildeten, wo die Bäume so dicht wuchsen, daß die Sonne nie durchdrang. Schließlich gelangten sie zu einer kleinen Lichtung, wo sie erstaunt stehenblieben.

«Das sind nur die Totenbäume. In alter Zeit hatte jede Familie ihre eigenen Bäume. Die unteren Äste wurden zum Schutz gegen Tiere abgesägt, und die Särge wurden mit Stricken hochgezogen und im Wipfel übereinander festgebunden. Viele sind heruntergefallen, wie Sie sehen, und die Grabhütten, die man später errichtete, sind verfallen, genauso wie die meisten der alten Schnitzereien.»

Mark konnte sich im nachhinein nicht mehr an die Einzelheiten seiner ersten Beerdigung entsinnen; sie war ihm nur teilweise gegenwärtig. Er erinnerte sich nur noch an den düsteren Wald und an die abwartend zu ihm aufblickenden Gesichter der Dorfbewohner, von denen eines wie das andere aussah.

Doch die Worte waren die gleichen schlichten Worte, die für die Weesa-bedós aller Menschen gesprochen worden sind, und es war, als seien sie für diesen Ort und diesen Tag geschrieben. Als er sagte: «Ich will meine Augen aufheben zu den Bergen», waren da die Berge, die sich über den hohen Bäumen erhoben, und als er das wunderschöne, kurze Gebet las: «... beschütze ihn den ganzen Tag, bis die Schatten sich längen und der Abend einfällt ...», war die Sonne hinter die Berggipfel geglitten, und die Schatten auf dem kleinen Grab zu seinen Füßen wurden länger. Als er geendet hatte, gelang es ihm, unter den Gesichtern das der Mutter zu entdecken, und dieses Mal war sie es, die ihn sanft am Ärmel berührte und ihm mit den Augen dankte.

Doch die Dorfbewohner zerstreuten sich nicht, und er spürte, daß es da noch etwas gab, an dem er keinen Teil hatte, und er sagte: «Ich gehe jetzt ins Dorf zurück, Jim.»

«Ich komme mit Ihnen.»

Auf dem Rückweg hörte Mark vom Begräbnisplatz her die laute, fast schreiende Stimme eines alten Mannes.

«Das ist der Älteste. Er spricht noch das alte, elisabethanische Kwákwala, das die jungen Leute heute nicht mehr kennen. Wo es keine geschriebene Sprache gibt, muß alles, was nicht in Vergessenheit geraten soll, gesprochen werden.»

Als sie das Pfarrhaus betraten, war die Bahre fort. Jemand hatte in dem alten Ofen ein Feuer gemacht und grünes Zedernholz verbrannt, um das Haus auszuräuchern und es dann vom Wind durchpusten zu lassen. Der Küchentisch, auf dem eine zerschlissene Wachstuchdecke lag, war für zwei Personen gedeckt, für jeden ein Teller und eine Gabel. In der Mitte des Tisches stand eine flache, hölzerne Schüssel mit etwas unappetitlich Schwarzem, Dampfendem darin.

«Wir haben seit dem Frühstück nichts gegessen», sagte Jim. «Wollen wir jetzt zu Abend essen? Die alte Marta hat es wahrscheinlich zubereitet.»

«Was ist es?»

«Tang mit Mais. Wir nennen es *gluckaston.* Versuchen Sie es, es wird Ihnen schmecken», und der junge Vikar kostete davon – es schmeckte ausgezeichnet.

«Morgen brauche ich dich nicht. Ich habe hier im Pfarrhaus allerlei zu tun.»

«Dann werde ich auf Fischfang gehen. Oder mich betrinken. Wollen Sie wissen warum? Weil ich mit dem Weesa-bedó verwandt bin. Als ich fünf war, also in seinem Alter, gab mein Onkel ein Fest für mich, und ich erhielt meinen dritten Namen, und ich tanzte. Die Schritte hatte ich schon beim Spielen geübt.»

Nach dem Essen half Jim, die Sachen des Vikars von der Veranda ins Innere zu tragen, und als er fortging, begleitete Mark ihn auf die Veranda hinaus und sah ihm nach, wie er zwischen den dunklen Bäumen verschwand. Dann ging er wieder hinein, zurück in den süßlich-herben Dunst des Todes.

3

Als die Dunkelheit das Dorf umfing, gab es viel gedämpftes, heimliches Raunen über den jungen Vikar, der aus der großen weiten Welt da draußen zu ihnen gekommen war. Die jungen Frauen mußten plötzlich dringend irgendwelche Häkelmuster austauschen, und sie drängten sich wie Hühner zusammen und sprachen im Flüsterton über sein Aussehen, sein Benehmen und sogar über seine sauberen Fingernägel.

Auf dem Weg zum Gemeinschaftshaus begegnete Häuptling Eddy Jim und fragte ihn: «Was hältst du von ihm?»

«Zum Jagen oder Fischen wird er nicht viel taugen. Er versteht wenig von Booten. Er sagt immerzu ‹wir›. ‹Wollen wir jetzt essen? Wollen wir hier anlegen?› Es wird nicht lange dauern, und er sagt, ‹Wollen wir ein neues Pfarrhaus bauen?› Er wird ‹wir› sagen und ‹uns› meinen», und beide lächelten.

Als Häuptling Eddy im Gemeinschaftshaus eintraf, erwarteten die alten Männer ihn bereits, um mit dem alten Ratespiel La-hell zu beginnen; die Bänke waren schon zurechtgerückt, die Knochen lagen auf dem Boden. Er setzte sich, und das Spiel nahm seinen Anfang; alle hofften darauf, daß T. P. Wallace, der Älteste und Sprecher des Dorfes, als erster den Namen des jungen Vikars erwähnen würde.

T. P. war der einzige noch lebende Indianer, dessen flache Stirn darauf hinwies, daß sein Kopf als Kind mit Zedernbast umwickelt gewesen war. Mit seinem weißen Hemd, der Krawatte und seinem besten Jackett wirkte er ebenso imposant wie ein Geschäftsmann aus Montreal, und in Bronze gegossen wäre sein Kopf unter den Büsten alter Römer im Museum nicht aufgefallen.

Es dauerte eine Weile, bis er begann: «Habt ihr bemerkt, daß er nach der Beerdigung schweigend davonging, ohne irgendwelche Fragen zu stellen?» Alle nickten. «Er hat unsere Sitten und Gebräuche respektiert. Und was wird er sagen, wenn er erfährt, daß wir unsere Söhne verlieren und daß unsere jungen Leute die Bedeutung der Totems nicht mehr kennen?»

«Als der Constable sich im Gebüsch übergab», sagte Häuptling Eddy, «wie gut er da sein Lachen zurückhielt.»

In einem der ansehnlichsten Häuser freute Mistress Hudson, die Stammesmutter des Dorfes, sich darüber, daß es wieder einen amtierenden Vikar gab. Sicherlich würde der Bischof jetzt öfter kommen, vielleicht sogar mit einer ganzen Bootsladung von geistlichen

Landratten, die beköstigt und untergebracht werden mußten, und die jungen Frauen würden sich hier, in ihrem Haus, versammeln, ihr in der Kwákwala-Sprache leise Fragen stellen und sich ihren Entscheidungen beugen.

«Was für Fleisch sollen wir zubereiten?»

«Roastbeef.» Oder Lachs. Oder Wildgans. Oder Wildente.

«Und welches Gemüse?» Mrs. Hudsons Antwort war immer die gleiche – eine kleine Rache am weißen Mann, dem Eindringling.

«Steckrübenbrei.» Kein Weißer mochte Steckrübenbrei.

In einem kleinen, sauberen, abseits vom Hauptweg gelegenen Haus machte Marta Stephens sich daran, ein Käppchen zu stricken, das den Kopf des neuen Vikars warm halten sollte, wenn er im Winter den Fluß heraufgefahren kam. Marta war eine der Großmütter des Stammes. Sie hatte weißes Haar, was bei einer Indianerin bewies, daß sie sehr alt war. Ihr gütiges, von feinen Runzeln durchzogenes Gesicht verriet ihre edle Abkunft. Sie war die Tochter eines erblichen Häuptlings, Frau eines Häuptlings und Mutter eines Häuptlings. Bei den Stammesfesten zu Ehren des Bischofs schob sie ihm immer, da er Rübenbrei verabscheute, eine kleine Schüssel mit Erbsen aus ihrem Garten zu, und als er vor vielen Jahren das erste Mal ins Dorf gekommen war und bei heftigem Regen in einem Kanu unter einer Persenning kauerte, hatte sie eine Tasse Kaffee an seine Lippen geführt, da seine Hände zu steif waren, um sie selbst zu halten.

«Und was sagen Sie zu unserem Fluß?» Der Bischof hatte trokken geantwortet, daß es nicht beschwerlicher sein könne, in den Himmel zu kommen, als dieses Dorf zu erreichen, und ob Mrs. Stephens nicht auch der Meinung sei, daß es eigentlich wärmer sein müsse?

Im ärmlichsten Haus überlegte Sam, wie er den neuen Vikar wohl am besten anpumpen könnte. Und zwar bald, solange er sich hier noch nicht auskannte und bevor der Bischof Gelegenheit fand, ihn zu warnen. Sam stammte von Sklaven ab, und in alter Zeit gab es nichts Schlimmeres, als ein Sklave zu sein. Sam besaß keinen Stolz. Er hatte immer nur Pech im Leben. Kam er am Fangplatz an, waren die Fische entweder noch nicht da, oder sie hatten längst das Weite gesucht. Sam hatte nur zwei Dinge im Sinn, Schnaps und Frauen, und wenn er kein Geld für Schnaps hatte, schlug er seine Frau und Ellie, seine Tochter.

In der Nacht erwachte Jim und fragte sich: Wird er verstehen, daß ich hier ein freier Mensch bin?

In der Nacht erwachte auch Keetah, Mrs. Hudsons Enkelin, die einzige, die keinen offiziellen englischen Namen hatte, und fragte sich: Wird er verstehen, daß mein Gordon sich hier gefangen vorkommt?

Im letzten, dicht beim früheren Bestattungsplatz gelegenen Haus hörte der alte Peter, der Holzschnitzer, in der Nacht das laute Schreien einer Schar Wildgänse, die das Dorf überflogen, und wie er es immer tat, zählte er auch heute die Sekunden, bis sie vorüber waren. Doch es handelte sich um keinen großen Zug. Nicht länger als eine Meile. «Wie lange wird er hier sein müssen, ehe er versteht, daß ich unter Toten lebe?»

Im Haus des Lehrers dachte der einzige andere Weiße im Dorf überhaupt nicht an den Vikar. Er wußte weder, daß dieser eingetroffen war, noch, daß er erwartet wurde. Es war das zweite Jahr, das der Lehrer im Dorf verbrachte. Er mochte die Indianer nicht, und sie mochten ihn nicht. Bei der Rückkehr von seinem Sommerurlaub hatte ein Wasserflugzeug ihn unter den Erlen auf dem anderen Ufer des Flusses abgesetzt; es war gerade Flut, und er hatte dort im Regen gestanden und gebrüllt: «Kommt und holt mich», und T. P. hatte erklärt: «Wenn er nicht höflicher sein kann, soll er ruhig da drüben stehen bleiben.» Schließlich war die alte Marta über den Fluß gestakt und hatte ihn geholt. Der Lehrer war ausschließlich wegen des Trennungszuschlags ins Dorf gekommen, der es ihm gestatten würde, ein Jahr lang an Ort und Stelle die von ihm bewunderte griechische Kultur zu studieren.

Als die Sterne erloschen, spazierte ein junger Hirschbock durchs Dorf, um am Fluß zu trinken. Vor Gewehren fürchtete er sich nicht. Der Indianer jagte nur der Nahrung wegen, nicht zum Vergnügen, und wenn es ihm notwendig schien, einen Hirsch zu töten, griff er nicht zum Gewehr. Wenn möglich, schlug er ihm mit einer Keule über den Kopf.

Kurz vor Anbruch der Dämmerung, als Nacht und Tag noch um den Sieg kämpften und der Tag das Dunkel bereits langsam zurückzudrängen begann, kehrte Ellie, die kleine Verlorene, zum Haus von Sam, ihrem Vater, zurück. Ellie teilte bereitwillig das Bett eines jeden Mannes, der sie herbeiwinkte. Und da sie, mit dreizehn, die Aufmerksamkeit der Männer bisher nur in Form von Brutalität zu spüren bekommen hatte, war ihr der Mann am liebsten, der sie am schlechtesten behandelte.

4

Als der junge Vikar am Morgen auf die wacklige Veranda hinaustrat, war es, als habe die Beisetzung des Weesa-bedó nicht stattgefunden. Das Dorf lag still und friedvoll da. Im Fluß war ein langes schwarzes Kanu vertäut, und während er noch hinblickte, watete eine ältliche Indianerin in das eisige Wasser, kletterte in das Kanu, stakte bis zur Mitte des Flusses und leerte ihren Abfallkübel aus, und er wußte, daß auch er das tun würde – bei Sonnenschein, bei Hagelschlag, bei Regen und Schnee.

Als er im Küchenherd Feuer machen wollte, war das Holz feucht, und aus dem Ofenrohr drang Rauch, und als er eine Dose Kaffee öffnen wollte, fehlte der Büchsenöffner, doch nachdem er mit einem Nagel ein Loch in den Deckel der Dose gehämmert hatte, gelang es ihm schließlich, Kaffeepulver für zwei Tassen herauszuholen. Zum erstenmal wurde ihm klar, daß er allein damit, sich am Leben zu erhalten, sich zu verköstigen und das Haus einigermaßen sauberzuhalten, täglich mehrere Stunden würde zubringen müssen.

Nach dem Frühstück ging er in die Kirche. Heute fiel ihm auf, wie baufällig der Turm war und daß es weder eine Altardecke noch Kerzen gab. Als er sich dem Altar näherte, sah er, daß die Vorderwand – vermutlich die Gabe einer Kleinstadtkirche, die eine neue erworben hatte – auf ausrangierten Lattenkisten ruhte. Und er merkte, was noch mehr ins Gewicht fiel, daß es in der kleinen Kirche selbst an diesem schönen Frühherbsttag feucht und kalt war. Wollte er im Winter nicht sonntags neben dem vergoldeten Adler stehen und sehen, wie seine Gemeinde zwischen dem «in Gott geliebte Brüder und Schwestern» langsam zu Eis wurde, mußte er es irgendwie schaffen – soviel wußte er –, das nackte Fachwerk mit Isoliermaterial abzudichten und Sperrholz darauf zu nageln. Er wußte ferner, daß er, auch wenn ihm sein Vorhaben gelang, trotzdem jeden Sonntag bei Tagesgrauen würde aufstehen und, nur eilig einen Mantel über den Pyjama geworfen, über den schmalen Weg vom Pfarrhaus zur Kirche würde hasten müssen, um laut rasselnd in dem großen, dickbäuchigen schwarzen Ofen ein Feuer zu entfachen.

Dann kehrte er ins Pfarrhaus zurück und unterzog die beiden Räume, aus denen es bestand, einer gründlichen Inspektion. Es gab keinerlei Installation. Die Tapete hing in Fetzen von den Wänden, die sich dort, wo der Regen eingedrungen war, verzogen hatten und häßliche Flecken zeigten. Beim Versuch, ein Fenster zu öffnen, hielt er plötzlich den ganzen Fensterrahmen in der Hand, und der Fußboden gab unter ihm nach. Kein Zweifel: das Pfarrhaus war am Zusammenfallen.

Er war gekommen, um zu geben, und mußte doch dort beginnen, wo jeder Mensch beginnen muß, der beauftragt ist, einen einsamen Vorposten zu halten. Er würde damit beginnen, daß er um alles mögliche bat. «Ich brauche dies. Ich brauche das. Ich brauche Ölfarbe. Ich brauche Sperrholz. Ich wäre dankbar für eine größere Menge Isoliermaterial, und wenn es nicht zuviel Mühe macht, dann schickt mir ein neues Pfarrhaus, komplett, mit allen Installationen.»

Es war alles verkehrt, und er wußte es. In seiner Verzweiflung sandte er ein Stoßgebet gen Himmel: «O lieber Gott, was soll ich bloß mit diesem Pfarrhaus anfangen?» Das war um zehn Uhr vormittags, und der Herr reagierte prompt. Um zwölf stand Häuptling Eddy mit einem Brief vom Bischof vor der Tür; das Schreiben war schon vor einigen Tagen von einem der Fischer im Postsack mitgebracht und im Durcheinander der gestrigen Beisetzung vergessen worden.

Der junge Vikar setzte sich an den Küchentisch und öffnete es ohne Eile. Es mußte schon vor seinem und Jims Aufbruch nach Norden zu Papier gebracht worden sein, und er fürchtete sich davor, es zu lesen.

«Ich bin sicher», schrieb der Bischof, «es ist Ihnen, wenn Sie diesen Brief erhalten, bereits klargeworden, daß das alte Pfarrhaus durch ein neues ersetzt werden muß. Wenn Sie soweit sind, werde ich veranlassen, daß ein Fertighaus mit zwei Schlafräumen mittels eines Floßes nach Kingcome Inlet gebracht wird. Natürlich kann ich Ihnen niemand schicken, der Ihnen hilft, es aufzustellen. Sie müssen lernen, Ihre Hände zu gebrauchen. Die Indianer machen alles mit ihren Händen. Auf die Weise werden sie Sie respektieren ...»

Mark las den Brief zweimal und hatte plötzlich die beklemmende Vision von Hunderten von Brettern, mehreren Zentnern Nägel, Schrauben und Schindeln, möglicherweise sogar einer Badewanne, und das alles türmte sich, schwer und störrisch und sperrig, auf dem Floß und wartete darauf, mit Kanus den Fluß hinaufbefördert zu werden.

Hastig durchwühlte er sein Gepäck nach Papier und Bleistift, setzte sich wieder an den Küchentisch und schrieb an den Bischof.

«Bitte, Hochwürden, senden Sie mir kein Pfarrhaus. Jedenfalls jetzt noch nicht. Ich weiß nicht einmal, wie ich es den Fluß hinaufbefördern soll, geschweige denn, wie es aufzustellen wäre. Ich fange heute damit an, meine Hände zu gebrauchen, ich werde in der Kirche saubermachen. Anschließend werde ich, soweit möglich, das Pfarrhaus reparieren. Es ist seltsam, aber seit ich Ihren Brief erhalten habe, scheint es mir, als sei der süßliche Geruch des Todes nicht mehr allzu bedrückend.»

Er verschloß den Brief und übergab ihn Häuptling Eddy, damit das nächste Boot ihn mitnahm. Dann ging er wieder in die Kirche und fand in der winzigen Sakristei einen alten Besen, mit dem er die Kirche sorgfältig auskehrte. Er machte Feuer in dem großen, runden Ofen und stellte einen Topf mit Wasser darauf. Dann schrubbte er das Stück rotes Linoleum, das den Boden des Mittelgangs bedeckte.

«In die Kirche scheint ein Bär eingedrungen zu sein», sagte Mrs. Hudson, die Stammesmutter, zu T. P., dem Ältesten. «Was für einen Lärm er macht!»

«Gegen Abend wird er ruhiger werden», erwiderte T. P. «Gegen Abend wird der Bär an beiden Tatzen Blasen haben.»

Die Indianer waren höflich. Sie waren nicht unfreundlich. Nachdem er die Kirche gesäubert hatte, arbeitete er mit Besen und Scheuerbürste im Pfarrhaus, und als er müde war und zum Flußufer schlenderte, wo die Frauen rauchten und Fische trockneten, lächelten sie ihm schüchtern zu. Als er vor der Tür des Kulthauses stehenblieb und, über den Fußboden aus festgestampfter Erde hinweg, auf die mit Schnitzereien bedeckten Pfosten und die doppelköpfige, auf die Rückwand gemalte Schlange blickte, gab ihm der alte Peter, der Holzschnitzer, der mit dem Bau eines Kanus beschäftigt war, Antwort auf seine Fragen.

«Wie machst du die Ausbuchtung?» fragte der Vikar, und Peter sagte ihm, daß er das Kanu mit Wasser fülle und dann heiße Steine hineinfallen lasse, damit das Holz sich bis zu den Zedernspanten dehne, und danach brenne er den Boden aus.

Sie waren höflich, aber das war auch alles. Als Jim vom Fischfang zurückkehrte, fuhren sie wieder den Fluß hinunter zum Floß und dann mit dem Motorboot zu den anderen Siedlungen, die zu seinem Sprengel gehörten, und er richtete es so ein, daß er einmal im Monat in jedem Dorf einen Gottesdienst abhielt, entweder im Schulhaus oder in irgendeinem Privathaus. Es war immer und überall das gleiche. Die traurigen Augen. Das schüchterne Lächeln. Das vorsichtige Abwarten.

Aber worauf? Womit sollte er sich beweisen? Was wollten sie über ihn wissen? Und was wußte er von sich selbst, hier, wo die Einsamkeit ein unumgängliches Element des Lebens war und ein Mann sich einzig und allein auf sich selbst verlassen mußte?

Auf dem Rückweg nach Kingcome, als er mit dem kleinen Beiboot den Fluß hinauffuhr, begriff der junge Vikar, daß die Indianer hierhergehörten, wie die Vögel und die Fische hierhergehörten, daß sie genauso ein Teil des Landes waren wie die Berge. Er war nur Gast bei ihnen; und er wußte auch, daß sich das möglicherweise nie ändern würde, und dachte: Was macht es schon aus, wenn der Mensch einsam ist? Er stirbt nicht daran.

Als sie wieder im Dorf waren, beseitigte er mit einer Hacke das wild wuchernde Unkraut rings um das Pfarrhaus. Danach besuchte er die Kranken. Auf dem Heimweg kam er an einem kleinen, verwitterten Zedernhaus vorbei, dessen Besitzer sich draußen im Freien abmühte, eine altmodische Waschmaschine, die an einen kleinen Benzinmotor angeschlossen war, in Gang zu bringen, und Mark blieb stehen, um ihm dabei zu helfen.

Am nächsten Morgen entfernte er die schadhafte Stufe der kleinen Holztreppe vor dem Pfarrhaus, und der Indianer, dem er gestern geholfen hatte, trat zu ihm und bot ihm seine Säge an und beschaffte ihm auch ein Brett für eine neue Stufe.

Am Nachmittag kletterte er aufs Dach; er wollte versuchen, die undichten Stellen zu reparieren. Häuptling Eddy fand sich ein und sah ihm dabei zu.

«Haben Sie keine Angst, daß Sie durchs Dach fallen?»

Mark erwiderte, daß er das nicht nur für möglich, sondern sogar für wahrscheinlich halte.

«Es ist mir lieber, ich falle durchs Dach, als daß das Dach mir auf den Kopf fällt», und er sah, wie die traurigen Augen sich einen kurzen Moment aufhellten.

Das Angebot des Bischofs, ihm ein neues Pfarrhaus zu schicken, erwähnte er mit keinem Wort. Er hatte sich dazu entschlossen, die Indianer nicht um Hilfe anzugehen, weder für den Flußtransport noch für die Aufstellung des neuen Hauses. Er würde warten, bis sie ihm ihre Hilfe anboten, oder ohne sie zurechtkommen.

Sam, der Tunichtgut, kam vorbei und sah ihm bei der Arbeit zu, vergoß dicke Krokodilstränen und bettelte ihn ohne jede Scham um Geld an. Mark wies ihn ab.

Auch der Lehrer kam mit einer Bitte. Er sprach den Vikar auf dem Pfad zur Kirche an und forderte ihn auf, sich bei den Regierungsbehörden dafür zu verwenden, daß man ihm geeignete Lehrmittel schicke; selbst die kleinsten Dörfer würden mehr Bleistifte und Schreibblöcke als er erhalten. Auch erwarte man von ihm, daß er die Papiertücher, die er großzügig an seine ewig schniefenden Schüler verteile, aus eigener Tasche bezahle. Überdies gäbe es in seinem Haus keine Elektrizität, und die Toilette sei so winzig, daß er nur die Wahl habe, entweder die Tür nicht zuzumachen oder sich, wenn er throne, die Knie daran zu stoßen, es sei eine richtige Zumutung.

Der junge Vikar schlug dem Lehrer vor, doch einfach zwei runde Löcher in die Tiolettentür zu sägen, und bot ihm an, sein eigenes Klosetthäuschen gegen die Toilette des Lehrers einzutauschen, aber dem Lehrer schien der Vorschlag unpassend. Und noch etwas wolle er dem Vikar mitteilen, weil er es für seine Pflicht hielte und der Vikar es vielleicht am besten gleich erführe: er sei Atheist und betrachte das Christentum als ein Verhängnis. In seinen Augen müsse jeder, der sich dazu bekenne, unvorstellbar naiv sein.

Der junge Vikar lächelte und stimmte ihm bei. Nach Albert Schweitzer gebe es, sagte er, zwei Arten von Naivität: die eine nehme die Probleme überhaupt nicht wahr und die andere habe an alle Pforten des Wissens gepocht und wisse, daß der Mensch, obwohl er nur weniges zu erklären vermöge, bereit und willens sei, seinen Überzeugungen zu folgen, ohne zu ahnen, wohin ihn das führe.

«Und das erfordert Mut», sagte er, dankte dem Lehrer und kehrte zum Pfarrhaus zurück.

Als er die Tür hinter sich geschlossen hatte, spürte er, daß er nicht allein war. Er drehte sich langsam um und sah seine ersten Besucher.

Sie waren vielleicht sechs Jahre alt – ein kleines Mädchen und ein Junge. Ohne anzuklopfen, waren sie hereingekommen – er würde es ihnen nie beibringen können, anzuklopfen. Wie Rehkitze standen sie da, zu jung, um sich zu fürchten. Sie verhielten sich ganz still und lächelten zaghaft und freundlich. Als er sie nach ihren Namen fragte, gaben sie keine Antwort, sondern sahen ihn nur mit ihren sanften, dunklen, traurigen Augen an, wie ihre Vorfahren in den Tagen der Unschuld wohl den ersten weißen Mann angesehen hatten.

«Ich glaube, ich gehe ein bißchen spazieren», sagte er, und der kleine Junge sagte: «Wir begleiten Sie.» Als sie aus der Tür traten, rannte der kleine Junge voraus zu dem eingefetteten Pfahl vor der Kirche und hangelte sich hinauf.

Mark streckte dem kleinen Mädchen seine Hand hin, und es nahm sie; so standen sie ein Weilchen da und blickten zu Whoop-Szo, dem Lärmenden Berg, hinauf, und das Mädchen sagte, als sei das etwas höchst Wichtiges: «Ich liebe den Schnee auf den Bergen.»

So wurden die Kinder seine ersten Freunde, und da er ihr Lachen gern hatte, ließ er seine Tür immer einen Spalt offen. Eines Tages, als Häuptling Eddy vor dem Pfarrhaus stehenblieb, um zu sehen, ob er inzwischen vielleicht doch durch das Dach gefallen sei, unterbrach der junge Vikar seine Arbeit und kletterte die Leiter hinunter.

«Häuptling Eddy», sagte er ernst, «ich wollte Sie schon die ganze Zeit etwas fragen. Wie spricht man den Namen ihres Stammes aus?»

«Jowedaino.»

Es folgte eine kurze Stille.

«Würden Sie es bitte noch einmal sagen?»

«Jowedaino», und Mark lauschte angestrengter, als er es je in seinem Leben getan hatte, und vermochte doch nicht zu sagen, ob es Zowodaino oder Chowudaino hieß.

«Und der Name des Verbandes, zu dem Ihr Stamm gehört?» (In den Büchern der Anthropologen schreibt er sich Kwakiutl.)

«Kwacutal», und Mark lauschte und wußte auch jetzt nicht, ob das Wort Kwagootle oder Kwakwutul lautete.

«Und der Name des Kannibalen am Nordende der Welt?»

«Bachbakualanuchsiwae», sprudelte es wie ein kleiner Katarakt aus dem Mund des Häuptlings.

«Welche Möglichkeiten hatte er schon mit einem Namen wie diesem? Und welche Möglichkeiten habe ich? Ich werde niemals in der Lage sein, auch nur den Namen Ihres Stammes richtig zu schreiben oder auszusprechen.»

«Richtig schreiben kann ich ihn auch nicht», sagte der Häuptling. «Fangen Sie mit etwas Leichterem an. Versuchen Sie ‹guten Tag› zu sagen. Weeksas-weeksas.»

Wenn Mark in Zukunft Indianern begegnete, sagte er: «Weacksoss-Weacksoss», genau, wie der Häuptling es gesagt hatte, und er sah, wie Lachen in ihre Augen stieg.

Am ersten Sonntagmorgen ließ er, eine halbe Stunde vor Beginn des Gottesdienstes, die Kirchenglocken läuten. Er war überzeugt, daß niemand kommen würde. Er stand in der winzigen Sakristei hinter dem Altar und wartete.

Er irrte sich. Alle kamen, bis auf den Lehrer, Sam, die Kranken und die ganz kleinen Kinder. Schon beim ersten gemeinsamen Lied merkte er, daß er mit einem hohen Ton keinen Augenblick aussetzen durfte, sonst sang seine Gemeinde gleich eine ganze Oktave tiefer, und dabei blieb es dann. Er war noch jung genug, um ein wenig stolz auf seine erste Predigt zu sein, über die er reiflich nachgedacht hatte. «Es ist besser, ein kleiner Fisch im Meer des Glaubens zu sein als ein gestrandeter toter Wal.»

Als der Gottesdienst vorüber war, stand er an der Tür und versuchte verzweifelt, sich ihre Namen (die sie ihre «englischen Spitznamen» nannten) zu merken und mit jedem Namen das richtige Gesicht in Verbindung zu bringen. Marta Stephens war die letzte und überreichte ihm bei dieser Gelegenheit das Wollkäppchen.

«Damit Sie am Kopf nicht frieren», sagte sie zur Erklärung, und der junge Vikar dankte ihr und setzte das Käppchen auf.

«Wie sehe ich aus?»

«Wie ein Ei. Genau wie ein Ei.»

Sie gingen zusammen die Stufen hinunter, und er hatte das unbestimmte Gefühl, daß sie ihm noch viel bedeuten würde.

«Sagen Sie mir bitte, Mrs. Stephens: erinnern Sie sich noch an den allerersten Geistlichen, den die Kirche hierherschickte?»

«Ja. Er hatte einen langen weißen Bart. Er mußte unsere Sprache erlernen, um uns die seine beizubringen. Er fragte: ‹Wie heißt dies? Wie heißt das?› Und manchmal sagten wir ihm ein falsches Wort, um ihn zu necken. Heute schäme ich mich deswegen. Er war so geduldig, sogar mit den Kindern, die ihn am Bart zogen.»

«Woher wissen Sie das?»

«Weil ich eines von ihnen war», sagte Marta.

5

In den ersten Wochen wurde Mark oft von einem Gefühl der Sinnlosigkeit bedrängt, und er war immer allein. Auf den Rundfahrten zu den anderen Dörfern, die er irgendwie zu einer Gemeinde verbinden mußte, verging Stunde um Stunde, wo weder er noch Jim ein einziges Wort sprachen. Er gab den Versuch auf, sich ein Bild von Jim zu machen, ja selbst die Hoffnung, ihn je zu verstehen, und er lernte warten und hielt unbeirrt an Calebs viktorianischem ‹wir› fest. Jim seinerseits war ihm zuverlässig und pflichtbewußt zu Diensten, nach wie vor den achtsamen, abwartenden Ausdruck in den Augen.

Dann, eines Spätnachmittags, trat eine Änderung ein. Sie waren zu dem Floß-Laden gefahren und hatten dort eine Partie Sperrholz abgeholt; er wollte damit das nackte Fachwerk in der Kirche verkleiden. Sie luden das Holz auf dem Regierungsfloß ab – es sollte am nächsten Tag mit dem Kanu den Fluß hinaufbefördert werden – und nahmen das Beiboot, um ins Dorf zurückzufahren. Als sie sich, bei steigender Flut, der Flußmündung näherten, stellte Jim den Motor ab und bedeutete Mark durch ein Zeichen, sich ruhig zu verhalten.

Sie saßen ganz still da; das Boot trieb unter einem verhangenen Himmel langsam dahin, während Jim unverwandt auf eine Stelle in dem klaren Wasser blickte, wo eine leichte Kräuselung wahrzunehmen war. Dann sahen sie es. Ein Schwarm Lachse war im Begriff, in den Fluß aufzusteigen, um in seinem Quellgebiet zu laichen. Zwei bis drei Fuß unter der Oberfläche sah Mark Hunderte von silbrigen Fischen dicht an dicht, die sich mit einer Art verzweifelter Dringlichkeit heimlich und fast verstohlen vorwärts bewegten, wie ein riesiges Heer auf dem Weg zu einem Vorposten, der um jeden Preis gehalten werden muß. Er beobachtete sie fasziniert, bis sie vorüber waren, und zweifelte dann einen Augenblick daran, richtig gesehen zu haben.

«Komm, Schwimmer», sagte er. «Ich freue mich, unter den Lebenden zu sein, nun, da du zu diesem schönen Ort gekommen bist, wo wir zusammen spielen können. Nimm diese köstliche Nahrung an. Halte sie gut fest, jüngerer Bruder.»

Zum erstenmal schwand der achtsame, abwartende Ausdruck aus den Augen des Indianers, und er sagte lebhaft: «Woher kennen Sie das? Wo haben Sie es gehört?»

«Das ist ein Gebet, das dein Volk dereinst an den Lachs richtete, und ich habe es in einem Buch gelesen, das vor langer Zeit geschrieben wurde. Sie nannten den Angelhaken ‹jüngerer Bruder›. Der Heilbutt hieß bei ihnen ‹alte Frau›. Wenn deine Leute einen Heilbutt ins Kanu zogen, sagten sie: ‹Geh hin, Schlappmaul, und sage deinen Onkeln, deinen Vettern und Tanten, welches Glück du gehabt hast, hierherzufinden.› Doch vom Lachs sprachen sie mit Hochachtung, und sie nannten ihn ‹Schwimmer›.»

«Der Lachs ist in unserer Sprache noch immer der Schwimmer, und ich kann mich erinnern, daß mein Großvater genauso zu ihm gesprochen hat, wie Sie das eben taten. Ich hatte es vergessen.»

«Sieht man ihn oft den Fluß hinaufschwimmen?»

«Nein, nicht oft. Gewöhnlich steigt er nachts auf.»

«Und zum Schluß – stirbt er dann immer?»

«Immer. Sowohl die Männchen wie die Weibchen sterben. Auf seinem Weg flußaufwärts kommt er an den kleinen jungen Lachsen vorbei, die ins Meer zurückwandern. Sie wollen dorthin und haben doch Angst davor. Sie schwimmen noch flußaufwärts, aber nur zögernd, und lassen sich, den Schwanz voran, vom Fluß abwärts tragen, und die Vögel und die größeren Fische machen Jagd auf sie, doch schon bald drehen sie sich um und bieten den auf sie lauernden Gefahren die Stirn.»

«Und wenn sie die offene See erreicht haben?»

«Dann sind sie frei. Niemand weiß, wie weit sie schwimmen und wohin. Etwas in ihrem Inneren sagt ihnen, wenn die Zeit zur Rückkehr gekommen ist, und alle, die im selben Fluß geboren sind, sondern sich von den anderen ab und kehren zusammen in das Laichgebiet zurück, wo sie geboren wurden. Und zum Schluß stirbt der Schwimmer, und er wird von der Flußströmung mit dem Schwanz voran zurückgetrieben, so wie er seine Reise antrat.»

«Könnten wir das Ende sehen?»

«Ohne weiteres.»

An einem der letzten schönen Septembertage machte Mark ein Lunchpaket zurecht, und er und Jim fuhren in einem der kleineren Kanus mit Außenbordmotor flußaufwärts, um das Ende des Schwimmers mitzuerleben. Oberhalb des Dorfes, wo der Fluß sich, den Stromschnellen zu, nach links wandte, machten sie halt an einer tiefen, unbewegten Stelle unterhalb des Che-kwa-lá, des Wasserfalls, mit dem ein Gebirgsbach in den Fluß mündete. Hier war es kühl und die Luft feucht und dunstig; die Fichten und Schierlingstannen waren mit Moosbärten behangen, und eine riesenhafte Pappel hielt Wache. Lange sahen sie zu, wie die aufgewühlten Wasser hinabstürzten und in dem tiefen, stillen Gewässer zur Ruhe kamen, und keiner sagte etwas.

Dann fuhren sie weiter, die Stromschnellen hinauf, und ein Bär, der dem Schwimmer auflauerte, sah sie kommen und trollte sich in den Wald, und auch die beiden Hirsche, die am Wasser ihren Durst stillen wollten, verschwanden mit einem fließend-eleganten Sprung.

Ein gutes Stück den Fluß hinauf fuhren sie an Zedernholzhütten vorbei, die nur im Sommer und Herbst benutzt wurden; aus dem Loch in den Dächern stieg Rauch auf, und Mark sah einige Kinder des Dorfes unter den Bäumen spielen.

«Sie räuchern hier die Fische», sagte Jim. «Jeden Herbst kommen Familien zu diesem Zweck hierher. Es ist eine Zeit, die alle gern haben. Die Kinder können sich austoben, und die Frauen unterhalten sich, und nachts sitzen die Männer am Feuer und erzählen einander die alten Mythen, und wenn sie ins Dorf zurückkommen, sind sie ebenso gründlich geräuchert wie die Fische.»

Als sie das Quellgebiet erreichten, wo der Schwimmer laichte, stellten sie den Motor ab und paddelten durch tiefe, stille, von dichtem Gebüsch überhangene Gewässer zu den kleinen Katarakten am Anfang des Flusses. Sie zogen das Kanu auf den schmalen, steinigen Strand einer kleinen Insel und merkten, daß sie nicht allein waren. Die alte Marta war da, und das Mädchen, das Keetah hieß, und die beiden kleinen Kinder, seine Freunde. Sie waren von den Sommerhütten hierhergekommen, um Blaubeeren zu sammeln.

Beim gemeinsamen Lunch fühlte Mark sich zum erstenmal wirklich wohl. Es war ein Picknick wie jedes Picknick an einem schönen Tag, dieses Mal auf einer lieblichen kleinen Insel. Die Kinder spielten, wie Kinder überall spielen, und das Mädchen Keetah, in verwaschenen blauen Jeans und einer ebensolchen Jacke, wäre überall ein hübsches Mädchen gewesen.

«Mark will das Ende des Schwimmers sehen», verkündete Jim nach dem Lunch, und Marta lächelte und sagte, sie sei zu alt, um sich flach auf den Bauch zu legen und sich über den Rand des Ufers zu beugen; sie würde bei den Kindern bleiben und die restlichen Blaubeeren pflücken.

Jim fand eine Stelle, an der ein alter Ahornbaum sich über das Wasser neigte und das Unterholz tiefe Schatten warf. Dort krochen sie zu dritt vorsichtig ans Ufer und spähten in die Tiefe.

Im klaren Wasser sahen sie das Schwimmerweibchen mit ihrer ausgefransten Schwanzflosse die Kinderstube in den Kies wühlen; ihre Flanken waren blau und purpurrot, die Flossen beschädigt und abgewetzt.

«Nach dem Ablaichen und wenn das wartende Männchen seine Milch über die Eier hat fließen lassen, bleibt das Weibchen noch einige Tage und bewacht die Eier», sagte Jim. «Kommt, wir versuchen es noch an einer anderen Stelle.» Sie krochen weiter und sahen das Ende des Schwimmerweibchens. Sie beobachteten ihren letzten tapferen Kampf, ihr Bemühen, sich in der Strömung zu halten, und sie sahen, wie das Wasser gewaltsam ihre Kiemen öffnete und sie langsam flußabwärts mit sich zog, mit dem Schwanz voran, so wie sie als Jungfisch ins Meer gezogen worden war. Dann verließen sie kriechend den Uferrand und kehrten zu Marta zurück, und Mark sah Tränen in Keetahs Augen.

«Es ist immer das gleiche», sagte sie. «Das Ende des Schwimmers ist traurig.»

«Aber Keetah, es ist nicht traurig. Das Leben des Schwimmers ist eine Kette von Abenteuern, die er mit kühnem Wagemut besteht.

Sein Leben steuert unbeirrbar auf den Höhepunkt, das Ende zu. Er lebt auf dieses Ende hin, für das er geschaffen wurde, und das ist nicht traurig. Es ist ein Triumph.»

«Mark hat recht, Keetah», sagte Marta. «Es ist nicht traurig. Es ist völlig natürlich. Wenn in meiner Kindheit ein Fischer starb, so glaubten wir, er ginge ins Land des Schwertwals, und ein Jäger ins Land des Wolfes, und ein Sklave ins Land der Eule. Aber wenn im Dorf Zwillinge geboren wurden, dann dachten wir, das seien verwandelte Lachse.»

«Ich habe eine Zwillingsschwester», sagte Mark. «Sie ist meine einzige nahe Verwandte.» Alle lachten, und Marta sagte: «Der Schwimmer ist Ihr Verwandter. Sie gehören zum Volk der Lachse.»

Auf dem Rückweg zum Dorf sprachen Mark und Jim nur wenig. Als sie das Kanu vertäut hatten, ans Ufer gewatet waren und den Weg zum Pfarrhaus entlanggingen, sagte Mark langsam: «Keetah ist ein schönes Mädchen. Findest du nicht auch?»

«Ja. Auf der staatlichen Schule in Alert Bay wurde sie ‹kleine Prinzessin› genannt. Sie hatte Heimweh. Wenn die Kinder für ihren Löffel Lebertran anstanden, stellte sie sich ein zweites Mal am Ende der Schlange an, damit sie einen weiteren Löffel voll bekam, weil der Lebertran so ähnlich schmeckte wie unser Fischöl.»

«Ist sie verheiratet?»

«Nein – sie soll Gordon heiraten. Ihre Großmutter hat das in die Wege geleitet. Er besucht noch die Schule in Alert Bay. Er ist älter als die anderen Schüler; weil er seinem Onkel beim Fischen helfen wollte, ist er erst später in die Schule gegangen. Aber sie wird ihn nicht heiraten. Sie wird mich heiraten.»

«Wieso bist du dir so sicher?»

«Weil ich außer ihm der einzige Mann im Dorf bin, den sie heiraten kann. Mit allen anderen ist sie zu nahe verwandt. Sie wird mich heiraten, mir den Haushalt führen und meine Kinder zur Welt bringen, und ich werde sie allein lassen und auf Fischfang gehen.»

«Mag sie Gordon nicht?»

«Doch, sie mag ihn.»

«Was ist dann mit ihm?»

«Gordon ist Che-kwa-lá, das bedeutet ‹das schnellfließende Wasser›», sagte Jim langsam, «und Keetah ist das stille Gewässer.»

Wann immer sie, vom Floß kommend, den Fluß hinauffuhren, hielt Mark Ausschau nach dem Schwimmer, nach den eng aneinandergedrängten silbrigen Leibern, die sich wie verstohlen unter der Wasseroberfläche fortbewegten. Doch er sah ihn nicht wieder.

6

Gegen Ende Oktober, als die Tage kürzer wurden, kam auch der Fischfang langsam zum Erliegen. Im Dorf waren jetzt mehr Männer zu bemerken. Manchmal sah Mark einen von ihnen zur Jagd in den Wald aufbrechen; das Gewehr und er schienen eins zu sein, so leicht und mühelos trug er es. Und manchmal sah er zwei Männer zusammen losgehen; der eine hatte den Arm um die Schultern des anderen gelegt, und Mark wußte, daß das nichts mit Homosexualität zu tun hatte. Es war das jahrhundertealte Einverständnis zwischen Kriegern. Doch niemals sah er Männer zusammenstehen, die laut über ihre Jagdpläne gesprochen hätten, und auch das wurzelte in der Vergangenheit. Wenn ein Mann laut sagte: «Diesen Hirsch werde ich verfolgen, jenen Bären aufspüren», hätte eine Frau ihn hören können, und zehn Minuten später hätten alle Frauen im Dorf sich Hoffnung auf Wildbret und Bärensteaks gemacht und überlegt, wie sie es zubereiten sollten, und der Geist, der im Bären und im Hirsch lebte, hätte sie gehört und das Wild sich daraufhin verborgen.

Eines Tages – sie saßen beim Lunch im Pfarrhaus – stellte Mark Jim verschiedene Fragen über die Jagd, und der Indianer wollte wissen, ob Mark Lust hätte, einmal mitzugehen. Mark sagte, ja, das würde er sehr gern – als Zuschauer, wohlverstanden, denn er verstünde nichts davon und habe noch nie ein größeres Tier als ein Kaninchen oder eine Wildente geschossen.

«Bist du zu deinem Recht gekommen?» fragte Mark, als die Mahlzeit beendet war, und Jim fragte zurück: «Wieso Recht?» Mark erklärte ihm: «Ich meine, hast du genug zu essen gehabt?»

Eines Morgens in aller Frühe fuhren sie zusammen mit drei Männern aus dem Dorf wieder flußaufwärts, und nach einer Stunde auf einem Berg, den die Indianer Quanade nannten, verfolgten sie einen Bären. Wie sehr Mark sich auch bemühte, mit den anderen Schritt zu halten, er war immer der letzte, brach mit fürchterlichem Krachen durchs Unterholz, blieb an den stacheligen Teufelskrallen hängen und glitt auf dem Schieferboden aus. Als er das Gefühl hatte, keinen Fuß mehr vor den anderen setzen zu können, wirbelte einer der Indianer herum, ein Schuß knallte, und etwas Großes, Braunes sank zu Boden. Vorsichtig gingen sie näher.

«Ich dachte, wir verfolgten den Bären», sagte Mark zu Jim.

«Das taten wir auch – bis er einen Bogen schlug. Seit einer Stunde verfolgte er uns.»

«Aber man sieht keinen Einschuß.»

«Der ist unter dem dichten Fell verborgen und im Speck», und Mark sah Lachen in den dunklen Augen aufsteigen und dort verharren.

«Diesen Bären hat keine Kugel umgebracht», sagte einer der Indianer ernst zu Mark. «Er ist vor Schreck gestorben. Es war das erste Mal, daß er hier, hoch oben auf dem Berg, einem Vikar begegnete.»

Am Nachmittag schoß einer der Männer einen grauen Wolf, der mindestens seine sechzig Kilo wog; die vielen kräftigen Zähne flößten Mark einen leichten Schauder ein. Während die anderen noch im Wald blieben, gingen er und Jim zu den Sommerhütten zurück, um sich ums Abendessen zu kümmern und die Nachtlager aus Laub vorzubereiten, über die sie Decken breiten würden.

Gut eine Stunde marschierten sie schweigend; es war ein beschwerlicher Weg.

«Du, Jim?»

«Ja, was ist?»

«Ich glaube, wir werden verfolgt.»

«Das ist nur die Frau des toten Wolfes. Wenn wir uns vorwärts bewegen, tut sie das auch. Bleiben wir stehen, bleibt sie auch stehen. Lassen Sie uns hier ein wenig ausruhen.»

Sie machten Rast, und Mark holte seine Pfeife hervor, stopfte sie sorgfältig und entzündete sie; er mußte seine ganze Willenskraft aufbieten, sich nicht umzusehen, und es kostete ihn Mühe, Jim gegenüber zu verbergen, daß er gern weitergegangen wäre. Endlich ergriff Jim das Wort. Er sagte langsam und deutlich:

«Sind wir zu unserem Recht gekommen? Haben wir genug gehabt?»

«Hast du ‹wir› gesagt?»

«Ja.»

«Was dich angeht, so weiß ich es nicht, doch ich habe genug.» Sie gingen rasch weiter und ließen die vereinsamte Wölfin und Calebs pompöses viktorianisches ‹wir› hinter sich, das Mark gute Dienste geleistet hatte, das er fortan aber nicht mehr gebrauchen würde.

In der Nacht lagen sie in der geräumigsten der Hütten dicht nebeneinander auf den Laublagern in ihren Kleidern, die Wollmützen auf dem Kopf; auf dem festgestampften Erdboden brannte ein Feuer, und die Indianer sprachen so lange von dem Mensch-Gott, der im Meer wohnt und über die Fische herrscht, daß Mark einschlief, bevor er erfuhr, was der Schwertwal zum Schwimmer und was der Schwimmer zum Heilbutt sagte. Als er erwachte, war die Hütte voller Rauch und sein Gesicht rußverschmiert. Die Augen brannten ihm, und das Laublager unter ihm war hart geworden. Mochte er seinen Kopf noch so tief unter die Decke stecken, er mußte dennoch ununterbrochen husten. Er zog seine Stiefel an – das einzige, was er ausgezogen hatte –, packte die Decke und kroch zur Tür und hinaus ins Freie. Die Decke eng um die Schultern gezogen, lehnte er sich an einen dicken Zedernstamm und blieb trotz der Kälte draußen in der Dunkelheit. Nicht lange, und Jim gesellte sich zu ihm.

«Was tun Sie hier draußen? Wir dachten schon, Sie wären uns verlorengegangen.»

«Ich mußte so stark husten, daß ich fürchtete, euch aufzuwecken. Jim, verlang nicht von mir, daß ich mich von rückwärts an einen

Hirsch heranschleiche und ihm mit einer Keule über den Kopf schlage.»

«Das habe ich nicht vor.»

«Ich werde auch nie so gut fischen wie ihr. Manchmal glaube ich sogar, ich werde es nie lernen, mit einem Boot umzugehen.»

«Mit dem Boot geht's schon ganz gut. Noch sechs Monate, und Sie werden es fast so gut können wie ein Indianerjunge von zehn Jahren.»

So standen sie bis Tagesanbruch im Regen unter der Zeder. Beide wußten inzwischen, daß Freundschaft sie verband; sie war wortlos entstanden und bedurfte auch keiner Worte.

Den November über nieselte es, trübselig und beharrlich. Der Regen war für Mark ein Lebenselement geworden wie die Luft, die er atmete, und wenn er aufhörte, vermißte Mark den Regen fast und ertappte sich dabei, daß er lauschend auf das monotone Tröpfeln wartete, das ihm jetzt als ein notwendiger und tröstlicher Bestandteil seines Lebens erschien.

7

Im November machte das Hospitalschiff der kleinen anglikanischen Kirchenflotte wie alle sechs Wochen am Regierungsfloß fest; mit dem Kanu wurde der Doktor flußaufwärts befördert und verwandelte das alte Pfarrhaus in ein Ambulatorium. Der Doktor war neu auf dem Schiff und hatte noch nie in seinem Leben einen Zahn gezogen. Er hatte nicht die Gabe seines Vorgängers, die Indianer dabei zu hypnotisieren. Da er nicht lange genug wartete, bis das Novocain seine Wirkung tat, ließ Sam, sein erster Patient, ein so gräßliches Stöhnen hören, daß die kleine Ethel, eines der beiden Kinder, die damals zu ihm ins Pfarrhaus gekommen waren, sich im Wald versteckte. Als der Doktor wieder fort war, spürte Mark sie auf, brachte sie zurück ins Pfarrhaus, setzte sie auf einen Stuhl, band das eine Ende einer Schnur um ihren lockeren Milchzahn, das andere an die Türklinke und sagte: «Und nun, Ethel, zähle ich bis zehn, und dann schlage ich die Tür zu.»

Er zählte: «Eins, zwei, drei», und bei fünf warf er die Tür ins Schloß, und die kleine Ethel war ihren Zahn los.

«Nicht der Rede wert», sagte er, und während er Wattebäusche, Tupfer, Scharpie und Binden einsammelte, kehrte die kleine Ethel die auf dem Fußboden des Pfarrhauses verstreuten Zähne zusammen.

Eine Woche später erkrankte ein Junge im Dorf; Mark war sicher, daß es sich um eine akute Blinddarmentzündung handelte. Das Hospitalschiff lag in Seymour Inlet, zu weit entfernt, um schnell zur Stelle zu sein, und der Buschpilot – falls es ihm gelang, vom Motorboot aus einen per Funk herbeizurufen –, konnte nachts auf dem Fluß nicht landen. Er und Jim packten den Jungen in Decken, brachten ihn im Kanu zum Motorboot, legten ihm einen Eisbeutel auf die schmerzende Stelle und fuhren mit ihm nach Alert Bay.

Nachdem sie den Patienten glücklich im Krankenhaus abgeliefert hatten und sich auf den Rückweg zum Dorf machten, war die Meerenge in dichten Nebel gehüllt, und das Motorboot rollte schwer in der Dünung, die vom Königin Charlotte Sund herkam. Doch Jim kannte den Weg; er ließ die Signalpfeife ertönen, um ein Echo von einer der Inseln oder vom Steilufer einer Bucht zu erhalten. Ganz langsam und vorsichtig durchquerten sie Kingcome Inlet bis zum Floß. Und fuhren ebenso vorsichtig weiter den Fluß hinauf, vorbei an verhakten Baumstämmen und unter der Oberfläche lauernden Baumstümpfen; gurgelndes Wasser umgab sie, und Mark, der seine Gummistiefel vergessen hatte, tat sein Bestes, mit den Füßen nicht in das Regenwasser zu treten, das am Boden des Kanus hin und her schwappte.

Als sie das Pfarrhaus betraten, hatte Marta Feuer gemacht und einen Topf Suppe auf den Herd gestellt; auf dem Tisch lag ein Laib selbstgebackenes Brot, und sie aßen mit Heißhunger.

Als es auf Dezember zuging, rebellierten die Dinge im Dorf – die störrischen, unbelebten Dinge – alle zugleich. Der Ofen in der Kirche rauchte. Das nasse Holz weigerte sich zu brennen. Im Haus von

Häuptling Eddy explodierte der Warmwasserboiler. Das geflickte Dach des alten Pfarrhauses wurde an zahlreichen Stellen undicht, und der Regen fiel mit rhythmischem Aufklatschen in die bereitstehenden Eimer. Im Motorboot gab es Ärger mit einer Dichtung, und der Generator, der die Kirche mit Licht versorgte – der einzige des Dorfes –, wollte eine Viertelstunde vor Beginn des sonntäglichen Abendgottesdienstes nicht anspringen. Mark legte seine Soutane ab und zog seine dicke Indianer-Wolljacke an. Er nahm den Schraubenschlüssel, löste die Treibstoffzuleitung, entleerte den Tank, drückte die Luft aus der Leitung und montierte wieder alles. Dann warf er den Motor an und murmelte dabei ständig vor sich hin: «Ja, Hochwürden. Nein, Hochwürden. Ja, Hochwürden. Nein, Hochwürden.»

«Mit wem sprechen Sie?» fragte Jim.

«Mit dem Bischof.»

«Aber er ist doch gar nicht hier.»

«Was ein Glück ist –» und er trat heftig gegen den Generator, der mit einem überraschenden Schnaufer reagierte und anfing zu tukkern. Hastig lief Mark dann ins Pfarrhaus, wusch sich das Maschinenöl von Gesicht und Händen, zog seine Soutane wieder an und eilte in die Kirche zurück, wo die Gemeinde bereits wartete. «Und Gott sprach: Es werde Licht, und es ward Licht.»

In der letzten Woche des Monats vernachlässigte Mark sein Motorboot und mußte schwer dafür büßen. Er und Jim waren von einer Rundfahrt durch die Dörfer zurückgekommen und hatten gerade am Floß festgemacht, als das Funksprechgerät zu piepen begann und sie in ein Dorf zurückgerufen wurden, wo drei für kurze Zeit unbeaufsichtigte Kinder eine Petroleumlampe umgestoßen hatten und in ihrem Zedernhaus verbrannt waren.

Auf dem Rückweg – es regnete an diesem Abend nicht, doch wehte ein scharfer Wind, und die Flut stieg – gab der Motor seinen Geist auf. Jim machte sich verbissen am Filter zu schaffen, während Mark sich bemühte, das Boot von den Klippen fernzuhalten. Und als der Filter wieder sauber war und der Motor ansprang, erkannte er, wie merkwürdig schnell die Stimmung doch umschlagen kann – war in diesem Augenblick jeder Atemzug noch ein Gebet, ließ die nervöse Anspannung im nächsten nach, und sie flachsten wieder. Am darauffolgenden Tag allerdings merkte er, wie erschöpft er war – der Preis des Mutes.

Als der Frost kam, wurde die Fahrt den Fluß hinauf zur Qual. Eines Nachmittags wurden sie im Boot von heftigem Sturm überrascht; waagerecht trieben die Graupel von den Berghängen her auf sie zu, schnitten ihnen ins Gesicht und fegten einen leeren Ölkanister und den Postsack über Bord. Im Pfarrhaus angekommen, setzten sie sich vor den alten Herd, steckten die Füße in den Backofen und waren fest davon überzeugt, sie würden nie mehr wissen, was es heißt, nicht zu frieren.

Mark schrieb an den Bischof: «Bis jetzt weiß ich wenig über die Indianer. Ich weiß nur, wie sie *nicht* sind. Sie sind nichts von dem, was einem so eingeredet worden ist. Sie sind weder unkompliziert noch gefühlsbetont und keinesfalls Primitive.» Der Bischof schrieb zurück: «Geduld – Sie werden sie kennenlernen.»

Doch sein Bekanntenkreis hatte sich inzwischen erweitert. Er kannte den jungen Holzfäller, der jeden Morgen seine vier Kinder in einem kleinen, offenen Boot zur Schule nach Echo Bay brachte und sie dort jeden Nachmittag wieder abholte, und manchmal aß er mit ihm und seinem prächtigen Nachwuchs in ihrem Floßhaus am Flußufer zu Mittag. Er hatte den Holzfällerlagern einen Besuch abgestattet, und niemals fuhr er an dem Floßhaus von Katastrophen-Bill vorüber, ohne sich zu vergewissern, daß sein Schornstein rauchte und der altersschwache Hilfsmotor zwischen den Fichten vor sich hin schnaufte. Mit seinen fünfundsechzig Jahren kletterte Bill noch jeden Tag über tausend Fuß den steilen Berg hinauf, und schon dreimal war ihm dabei sein Werkzeug aus den Händen geglitten und tief unten im Wasser gelandet. Wenn Mark bei ihm haltmachte, um zu fragen, wie es denn so ginge, war die Antwort immer die gleiche: «Katastrophal», und wenn Katastrophen-Bill fragte, ob er an Bord kommen dürfe, gab Mark unweigerlich die gleiche Antwort: «Ja, wenn du deine Korkrindenstiefel ausziehst.»

Eines Tages in der Kirche fiel ihm das Harmonium ein, und er setzte sich hin, trat in die Pedale und zog dann wie beiläufig, so als interessiere es ihn nicht weiter, ein Register, drückte eine Taste hinunter und wurde mit einem vollen, melodischen Ton belohnt. An diesem Abend übte eine der Indianerfrauen, die in der Schule in Alert Bay Musikunterricht gehabt hatte, die Kirchenlieder, die zu Weihnachten gesungen werden sollten, und ein alter Braunbär, der unter der Kirche seinen Winterschlaf hielt, erwachte, und die indianischen Hunde hörten ihn und ließen ihm keine Ruhe. In der Nacht erhob sich allenthalben im Dorf großer Lärm, und Mark schlüpfte in seine Pantoffel, warf einen Bademantel über seinen Pyjama, stürzte hinaus und prallte gegen eine riesige, dunkle Gestalt. Zweimal rannte er rund um das Pfarrhaus.

Am nächsten Morgen sprach Häuptling Eddy ihn unterwegs an.

«Ich glaube nicht, daß der Bischof es gern sieht, wenn Sie im Pyjama rund ums Pfarrhaus Bären nachjagen.»

«Aber das habe ich doch gar nicht getan. Da irren Sie sich. Der Bär ist mir nachgejagt.»

Um die Weihnachtszeit ging es im Dorf sehr geschäftig zu. Die Kirchen in Vancouver schickten Spielsachen, die die Frauen sortierten und verpackten, nicht nur für die Kinder im Dorf, sondern auch für die in den Holzfällersiedlungen und in den abgelegenen Floßhäusern, die zu Marks Pfarrbezirk gehörten. Zehn Tage vor Weihnachten machten Mark und Jim sich mit den Geschenken auf den Weg zu den verschiedenen Dörfern und einsamen Floßhäusern, fuhren in Buchten hinein und wieder heraus und konnten sich meistens nur mit Hilfe des Kompasses orientieren; oft spülten die Wellen über den Bug des Motorbootes hinweg, und die Berge waren dicht verschneit. Wo immer es Kinder gab, zog Jim das alte, traditionelle Santa Claus-Kostüm an und warf sich den Sack mit Spielsachen über die Schulter, während die Kinder auf dem Floß warteten, um sie zu begrüßen und zwischen den vertäuten Kanus Platz zu schaffen, damit sie anlegen konnten. Und sobald die Weihnachtslieder gesungen und die Gaben verteilt waren, stellte Mark den tragbaren Altar für den schlichten Gottesdienst auf, und wenn sie dann wieder abfuhren und er noch einmal einen Blick zurückwarf, sah er jedesmal ein kleines Mädchen am Ufer stehen, das zärtlich seine Stoffpuppe an sich gedrückt hielt.

Am heiligen Abend kehrten sie wieder ins Dorf zurück; sie fanden nicht die Zeit, eine richtige Mahlzeit einzunehmen, da vor der Mitternachtsmesse noch hundert Dinge der Erledigung harrten. Um elf Uhr abends bemühte Mark sich immer noch, dem dickbäuchigen runden Ofen in der Kirche ein wenig zusätzliche Wärme zu entlokken. Dann eilte er zum Pfarrhaus zurück, wusch sich den Ruß von den Händen, legte sein Meßgewand an und ging wieder in die Kirche, um Kelch und Wein zurechtzustellen, die Glocke zu läuten und die Kerzen zu entzünden.

Dann war alles bereit. Er war allein und wartete in der gedämpften Stille; das Kerzenlicht spielte auf dem goldenen Adler und den traurigen Augen des Heilands mit dem Lamm im Arm, und ihm war, als warte auch die kleine Kirche.

Langsam ging er den Mittelgang hinunter, und da er die Tür erst im letzten Augenblick öffnen wollte, um nichts von der kostbaren Wärme zu vergeuden, trat er an das Fenster links von der Tür und erlebte gänzlich unerwartet einen jener zwischen Zeit und Raum schwebenden Augenblicke, die man nie vergißt.

Eine dicke Schneeschicht lag auf den Schultern des Zedernmannes, und die Zweige der jungen Fichten bogen sich unter der weißen Last. Er sah das Licht in den Häusern ausgehen und gleich darauf das flackernde Licht der Laternen, als die Dorfbewohner sich auf dem schmalen Weg langsam im Gänsemarsch der Kirche näherten. Wie oft war dieses Volk vom Bering-Meer her über die Bergpässe gewandert?

Er ging zur Tür, öffnete sie und trat in die stille weiße Nacht hinaus, in der nur die Schritte im Schnee ein leises Geräusch machten. Zum erstenmal sah er in ihnen das, was sie waren: Menschen, in seine Hand gegeben und Schafe auf seiner Weide, und er erkannte, wie groß seine Verpflichtungen ihnen gegenüber waren. Als der erste an den Stufen angekommen war, streckte er die Hand aus, um einen jeden mit seinem Namen zu begrüßen. Doch zunächst sagte er etwas zu sich selbst, er sagte: «Ja, Herr.»

Zweiter Teil
Die Tiefe der Trauer

8

Zum erstenmal seit Marks Ankunft waren sämtliche Dorfbewohner vollzählig versammelt; alle Männer waren rechtzeitig vom Fischfang nach Hause zurückgekehrt. Drei Tage vor Weihnachten hatte eines der größeren Fischerboote die Jugendlichen, die in Alert Bay die Schule besuchten, dort abgeholt, und in zwei geräumigen Kanus waren sie vom Floß flußaufwärts befördert worden. Sie waren bei Niedrigwasser eingetroffen, ehe es anfing zu schneien. Die Kanus liefen auf den Sandbänken auf, und die Männer stiegen in das eiskalte Wasser, machten die Boote mit Schieben und Stoßen wieder flott und trugen die Mädchen ans Ufer. Ringsum ertönte fröhliches Lachen, und die Mädchen hielten die in der Schule für ihre Eltern gebastelten Geschenke fest an sich gepreßt. Mark glaubte, noch nie soviel unbeschwerte Freude erlebt zu haben.

Doch nach Weihnachten, als der Schnee zu Matsch wurde und der Regen fiel, die Kinder im Hause bleiben mußten und die Männer bis tief in die Nacht im Gemeinschaftshaus La-hell spielten, hatte Mark das Gefühl, als läge ein merkwürdiger Hauch von Unbehagen in der Luft, der in den Fichten zu raunen, ihm vorauszueilen und ihm zu folgen schien, wohin er seinen Schritt auch wandte.

Er sprach mit dem alten Peter, dem Holzschnitzer, darüber, der mit einer Erkältung zu Bett lag.

«Peter, was ist los? Was bedeutet diese verdrießliche Unruhe, die neuerdings im Dorf herrscht?» Und der alte Mann sah ihn lange und prüfend an, ehe er antwortete.

«Das ist immer so, wenn die jungen Leute von der Schule zurückkommen. Meine Stammesgenossen sind stolz auf sie, aber sie reiben sich an ihnen. Sie kommen aus einem fernen Land. Sie sprechen die ganze Zeit nur englisch und vergessen ihre eigene Sprache, das Kwákwala. Es ist ihnen peinlich, ihr Essen in Fischöl, das wir *gleena* nennen, tunken zu müssen. Sie sagen zu ihren Eltern: ‹Macht das nicht so. Die Weißen machen es so.› Sie kennen weder die Mythen mehr noch die Bedeutung der Totems. Sie wollen sich ihre Ehepartner selbst aussuchen.»

Er zögerte, als sei das, was er als nächstes sagen wollte, zu schmerzlich, um es auszusprechen.

«Hier im Dorf sind meine Leute zu Hause, wie der Fisch im Meer, wie der Adler in der Luft. Wenn die Jugend fortgeht, greift die Welt nach ihr und verdirbt sie. Sie hört nicht mehr auf die Älteren. Sie geht fort, und bald wird es auch das Dorf nicht mehr geben.»

«Kingcome wird sich noch mit am längsten halten, Peter.»

«Ja, aber eines Tages wird auch Kingcome verödet sein, die Tempfähle werden umstürzen, und die grüne Wildnis wird sie zudecken. Wenn ich daran denke, bin ich froh, daß ich das nicht mehr erleben werde.»

Mark hatte einen Pappkarton mit Büchern, ein Weihnachtsgeschenk seiner Schwester, auf dem Harmonium in der Kirche stehenlassen. Eines Tages bemerkte er, daß jemand den Karton geöffnet hatte und daß ein Buch fehlte. Am nächsten Tag war das Buch wieder da, dafür aber ein anderes verschwunden. Und als er am dritten Tag in die Kirche kam, saß einer der Jungen, die Schulferien hatten, auf der Bank vor dem Harmonium und las.

Es war Gordon, dessen Vater bei schwerem Sturm vor den Königin Charlotte-Inseln ertrunken war. Der Junge hob den Kopf, stand auf und kam, das Buch in der Hand, auf Mark zu. Er war nicht verlegen, nicht einmal verschüchtert.

«Dieses Wort hier», sagte er eifrig, «was bedeutet es?» Mark erklärte es ihm und sagte: «Ich habe noch ein paar andere neue Bücher, die dich vielleicht interessieren. Ich werde sie dir mitbringen.»

Am nächsten Nachmittag nahm er die Bücher mit in die Kirche; der Junge wartete auf ihn. Auf der Kirchenbank neben ihm lag eine Maske.

«Das ist die Maske des Riesen», sagte Gordon. «Der Lederriemen zum Festbinden ist gerissen. Peter flickt ihn. Die Maske wird für die Tänze gebraucht.»

«Darf ich sie mal ansehen?»

Der Junge hielt die Maske hoch.

«Sehen Sie, wie dünn sie ist? Die neuen sind viel dicker.» Er setzte schüchtern hinzu: «Die Haare stammen von meiner Urgroßmutter.»

Die Maske war schwarz, mit roten Lippen und Augen aus Abalone-Muscheln. Als Mark sie in die Hand nahm, hatte er fast das Gefühl, ein energisches, stolzes, lebendes Gesicht in der Hand zu halten, so wunderschön war die Maske geschnitzt.

«Man hat meinem Vater 3000 Dollar dafür geboten», sagte Gordon, «aber wir wollen sie nicht verkaufen.»

«Nein – und wenn, dann nur an ein Museum, wo die ganze Welt sie sehen kann – sonst nicht.»

Kurz vor dem Ende der Ferien hörte Mark das erste Geräusch aus der Welt außerhalb des Dorfes. Ein Düsenflugzeug durchbrach die Schallmauer. Da er zunächst dachte, vom Whoop-Szo sei eine Geröllawine niedergegangen, lief er aus dem Pfarrhaus ins Freie. Der Schall fing sich in den Inlets, wurde hallend von einer steilen Bergwand zur anderen geworfen, verebbte langsam, bis er nur noch als schwaches, sich einige Male wiederholendes Echo aus weiter, weiter Ferne zu hören war. Das Ganze dauerte mehrere Minuten, und als er um sich blickte, machte er eine sonderbare Feststellung.

Keiner der älteren Indianer hatte das Haus verlassen, nur das junge Volk und die Kinder, die aufgeregt hin und her rannten; die jungen Leute standen in einer Gruppe für sich. Daneben Gordon.

Gordon stand mit zurückgelegtem Kopf bewegungslos da.

Langsam ging Mark zu ihm hin.

«Als kleiner Junge besuchte ich öfter meine Großmutter in einer der kleinen Präriestädte des Mittelwestens», sagte er. «Und das Geräusch, auf das ich wartete, war das langanhaltende, tremolierende Pfeifen des Güterzuges in der Nacht. Es war der magischste Laut, den ich je gehört habe, und er erschien mir wie ein an mich gerichteter Ruf aus der großen Welt, und schon damals wußte ich, daß ich diesem Ruf folgen würde. Ich würde hinaus in die Welt gehen. Dir gehen auch solche Gedanken durch den Kopf, nicht wahr?»

Die tiefe Trauer in den Augen des Jungen nahm zu, wie die Trauer in Peters Augen zugenommen hatte, als er von seinem Dorf sprach, und er erwiderte nur ein einziges Wort: «Ja.»

Am Sonntag nach dem Gottesdienst fuhren die jungen Leute in die Schule zurück. Viele Dorfbewohner begleiteten sie bis zum Ufer und sahen die Kanus ablegen. Die Jugend war traurig, das Dorf zu verlassen, und freute sich gleichzeitig, wegzukommen, und die ältere Generation hätte sie gern dabehalten und war doch erleichtert, sie wegfahren zu sehen. Sie nahmen das Unbehagen mit sich, und im Dorf war es wieder ruhig und friedlich.

Jedoch nicht für lange. Als die Januarstürme ein wenig nachließen, konnte Mark nach einem Monat zum erstenmal wieder die anderen Dörfer aufsuchen, und er machte am Floß mit dem Laden halt, um den Postsack für Kingcome mitzunehmen.

Am Tag seiner Rückkehr klopfte Keetah abends an die Tür des Pfarrhauses und sagte, daß Mrs. Hudson, ihre Großmutter, krank sei.

Kerzengerade saß die alte Dame neben dem Feuer, als Mark eintrat; ihr Atem ging stoßweise, und da er sie inzwischen recht gut kannte, glaubte er zu wissen, daß Mrs. Hudson eher erregt als krank war. Er erkundigte sich nach ihrem Befinden. Sie fühlte sich nicht wohl. Wie immer war es das Herz. Sie hatte das Gefühl – ja für sie war es eine ausgemachte Sache, daß sie diese Welt bald verlassen würde.

«Und was hat Sie so aus der Fassung gebracht?» fragte er sie, und Mrs. Hudson schüttelte den Kopf und gab seltsame kleine Laute von sich – es klang wie aie-aie-aie und war wohl ein durch die Jahrhunderte überkommenes Klagelied. Sie erzählte ihm traurig, ihre Enkeltochter, Keetahs Schwester, habe geschrieben (er selbst hatte den Brief im Postsack mitgebracht), sie beabsichtige, einen Weißen zu heiraten.

«Aber das geschieht doch häufig, und oft werden das sehr glückliche Ehen. Es gibt sogar weiße Frauen, die Indianer geheiratet haben und dann mit im Rat saßen.»

Mrs. Hudson hörte ihn nicht.

«Sie wird keine Indianerin mehr sein. Nach dem Gesetz wird sie eine Weiße sein. Sie verliert das Recht, hierherzukommen – außer zum Besuch.»

«Aber Sie können sie besuchen.»

«Ja. Und wenn wir dann da sind, wird sie sagen: ‹Heute nicht, Großmutter. Komm morgen. Heute ist mein Mann zu Hause.› Und ihr Mann wird sagen: ‹Lade deine Großmutter nicht für morgen ein. Ich will nicht, daß meine Tante sie sieht.›»

«Nein», sagte Keetah. «Nein. Meine Schwester wird sich nicht von uns abwenden. So ist meine Schwester nicht. Ich kenne sie. Sie wird sich nie, niemals unserer schämen.»

Mrs. Hudson hob ihr edles altes Gesicht.

«Das fürchte ich nicht», sagte sie schlicht. «Was ich fürchte, ist, daß wir uns ihrer schämen werden», und dann schwieg sie.

Mark setzte sich neben sie. Als ihr Atem wieder ruhiger ging, erzählte er ihr von den Navajos, einem der großen, stolzen Stämme im Südwesten der Vereinigten Staaten, Hunderte von Meilen entfernt.

«Einer der großen Häuptlinge der Navajos sagte zu seinen Stammesgenossen: ‹Wir hören den weißen Mann reden, aber wir können ihn nicht verstehen. Der Weg zu ihm führt über die Schulbildung. Geht ihn.›»

Mrs. Hudson sagte: «Das begreifen Sie nicht. Meine Enkelin begibt sich in eine Welt, von der sie nichts weiß. Diese Welt wird sie zerstören, und ich kann ihr nicht helfen. Das mitzuerleben ist, als stürbe man ein wenig.»

Und Keetah nahm die alten Hände in die ihren und sagte: «Sie wird immer wieder zu uns kommen. Ich weiß, daß sie kommen wird, sie wird sich nicht verändern. Du wirst sehen.»

9

Dies war die Zeit im Jahr, in der die tiefsten Glaubenswerte des Stammes in den Tänzen auflebten; Fremde waren dabei unerwünscht, und niemand durfte fotografieren. Wenn Mark den Weg am Langhaus vorbeiging, sah er die bereitstehenden Masken, doch er stellte keine Fragen und bekam auch nichts erzählt.

Im Januar fuhren die Männer zum Dorf Gilford, um nach Muscheln zu graben, und sie kamen nur zum Wochenende nach Kingcome zurück. Alles Leben im Dorf wurde von den Gezeiten bestimmt. Herrschte Ebbe, wurden Muscheln gesammelt. Wurden Muscheln gesammelt, mußte in dieser Zeit alles andere warten, auch die Kirche.

Eines Spätnachmittags, als Mark und Jim im Motorboot zu der entlegensten Siedlung seines Pfarrbezirks unterwegs waren, überholten Fischerboote sie, die nach Gilford fuhren, und Mark wurde über Funk gefragt, ob er bereit wäre, im Langhaus den Abendgottesdienst abzuhalten, ehe dort am Abend ein Potlatsch mit Tänzen stattfand, das von einem alten Mann als Vorbereitung auf seinen Tod veranstaltet wurde.

Als sie nach Gilford kamen, sahen sie, daß viele Boote am Floß vertäut waren, und im Langhaus fanden sie über dreihundert Indianer wartend vor; die alten, mit Schnitzereien verzierten Hauspfosten warfen im Laternenlicht und im Flackern des in der Mitte des Raumes lodernden großen Feuers ihre Schatten. Und als nach dem Gottesdienst der Kaffee gereicht wurde, stellte Mark fest, daß fast alle Einwohner von Kingcome anwesend waren. Keetah befand sich in Begleitung ihrer Schwester.

Sie war ein hübsches Mädchen; ihr Haar war sorgfältig geschnitten und gewellt, die Fingernägel rot lackiert, die Absätze ihrer Pumps sehr hoch, und ihr strahlendes Gesicht verriet, wie erfüllt sie von all dem Wunderbaren des neuen Lebens war, das ihrer harrte.

Die beiden Schwestern saßen ein wenig abseits und unterhielten sich mit ernsten Gesichtern, und obwohl Mark die Worte nicht hören konnte, glaubte er sie genau zu kennen:

«Nichts wird sich ändern. Bitte, sag mir, daß du nicht das Gefühl hast, ich hätte euch im Stich gelassen.»

«Aber nein, natürlich nicht. Das weißt du doch. Ich will ja, daß du ihn heiratest.»

Am Gesichtsausdruck der beiden sah er, daß jede das, was sie sagte, auch wirklich so meinte, weil sie einander liebten, doch im tiefsten Innern wußten beide zweifellos, daß ihre Worte unaufrichtig waren, daß die Wahrheit ungesagt blieb. Wer war hier tapferer – die, die fortging, oder die, die blieb?

Er fragte Jim: «Wer ist der Mann, den Keetahs Schwester heiraten wird? Ist er hier? Ich möchte ihn kennenlernen.»

«Es ist nur ein Fremder da. Er sitzt bei den Männern vom Forstboot. Das sind Freunde von uns.» Doch im flackernden Licht des Feuers und der Laternen konnte Mark das Gesicht nicht deutlich erkennen.

Dann nahm das Potlatsch seinen Anfang. Im Hintergrund des großen Raumes befand sich das Orchester – die Trommel, ein ausgehöhlter, an beiden Enden bemalter Baumstamm, der auf einem Schubkarren ruhte, und die älteren Männer mit den geschnitzten Trommelschlegeln und den alten Rasseln. Der Älteste stieß mit seinem langen Rednerstab auf den Boden, hieß die Gäste in der Kwákwala-Sprache willkommen, und das Orchester begann mit seinen Rhythmen.

Zuerst tanzten die Frauen. Alle waren gleich gekleidet; jede trug den rot-schwarzen zeremoniellen Umhang, entweder mit der doppelköpfigen Schlange auf dem Rücken oder mit dem Fichtenbaum, der aus selbstgefertigten Knöpfen konstruiert war. Sie drehten sich rechtsherum im Kreis, weil der Wolf sich rechtsherum dreht. Wenn sie ihren Kopfputz schüttelten, wirbelten Eiderdaunen durch die Luft, und das Licht spielte auf den Umhängen, den mit Hermelinschwänzen verzierten Gewändern und den mit beiden Händen gehaltenen, ausgebreiteten Schürzen.

Dann folgte der Schneehuhn-Tanz aus River's Inlet, dem Stamm durch Heirat überkommen. Als der Älteste ihn ankündigte, übersetzte Jim seine Worte:

«Ein kleiner Junge ging in den Wald, um Schneehühner mit Schlingen zu fangen, und er wußte, daß ihm ein Schneehuhn ins Garn gegangen war, weil er es zucken und zerren spürte. Doch jedesmal war die Schlinge leer, und er dachte, jemand hätte ihm seine Jagdbeute weggenommen. Der kleine Junge legte sich unter eine Fichte und schlief ein, und er hörte immer noch, wie das Schneehuhn in der Schlinge mit den Flügeln schlug. Dieser Tanz stellt seinen Traum dar.

Und nun passen Sie genau auf. Der erste Tänzer trägt die Türmaske, und wenn diese sich auftut, wird leise gluckend das Schneehuhn eintreten. Wenn Sie ein Indianer wären und an einem Wasserlauf entlang durch den Wald gingen und den Wald kennen würden, wie nur ein Indianer ihn kennt, würde dieser Tanz alles, was Sie dort gesehen haben, wieder zum Leben erwecken – in all seiner tiefen Bedeutung und Schönheit.»

Die Darbietung dauerte drei Stunden; es traten sechsundzwanzig Darsteller auf, jeder mit seinen Masken, seinen Liedern und Tänzen. Es erschien der alte Baumstumpf, der seinen Stamm sucht; seinem Kopf entsproß eine kleine grüne Fichte. Es erschienen der bemooste Baumstamm, der flußabwärts schwimmende Fisch, das Lange Gesicht, das Lachende Gesicht, der Riese und der Schädel des Mannes, der im Wald umgekommen war. Die Indianer saßen die ganze Zeit stumm und bewegungslos da und folgten dem Geschehen mit angespannter Aufmerksamkeit.

Zum Schluß kam der Mondtanz – eine Pantomime, ausgeführt von zwei Männern, dem Vollmond und dem Halbmond. Wer von beiden würde heute abend am Himmel aufgehen? «Heute abend werde ich aufgehen. Ich bin mächtiger als du.» – «Aber ich werde länger am Himmel stehen.» Sie verhöhnten einander und zeigten sich gegenseitig eine lange Nase. Dieses Mal brüllte das Publikum vor Lachen, verspottete abwechselnd den einen oder den anderen und klatschte dem Favoriten zu.

Als der Tanz beendet war, wurden Erfrischungen gereicht und die Geschenke verteilt – Geschirr, Tischtücher und Eßbestecke und für jeden Gast, ausgenommen die Angehörigen des Gastgebers, ein Fünfzig-Cent-Stück.

«Wo ist der Mann, den Keetahs Schwester heiraten will? Ich kann ihn nicht finden», sagte Mark zu Jim.

«Er ist schon gegangen. Sie bringt ihn morgen mit nach Kingcome. Dann können Sie ihn kennenlernen.»

Sie schlenderten über den nassen, dunklen Weg zum Floß, kletterten über die Reling und das Deck eines Fischerbootes, das dicht vor ihrem Motorboot lag, und unterhielten sich dann in der Kombüse über das Potlatsch. Stimmte es, daß in vergangenen Zeiten die Geschenke so üppig waren, daß ganze Familien und Sippen darüber verarmten, während andere reich wurden?

Jim bestätigte es. «Ich habe es als kleiner Junge noch erlebt, daß die Geschenke aus Öfen, Kühlschränken und Waschmaschinen bestanden. Es ist wahr, daß Familien sich dabei ruinierten. Doch die Regierung setzte, als sie die großen Potlatsch-Tanzfeste verbot, nichts an deren Stelle, und dadurch ging viel von unserem Leben, von uns selbst verloren. Früher waren diese Feste so etwas wie eine Königskrönung. Es waren die großen Rituale meines Volkes, ausgesprochen feierlich und bedeutsam. Jetzt haben sie ihren tieferen Sinn verloren.»

«Aber, Jim, war es im Grunde nicht vielmehr so, daß diese Feste lediglich einem Häuptling die erwünschte Gelegenheit boten, seinen Rivalen zu beschämen, auch wenn dadurch seine Sippe und seine Kinder am Hungertuch nagen mußten?»

«Schon, aber Freigebigkeit und Großmut waren ebenso ein Element. Mein Volk hat vergessen, was es heißt, zu geben. Glauben Sie mir. Sie haben keine Ahnung davon, wie es früher bei uns war. Als ich sieben war, lehrte mein Großvater mich die Tänze meiner Familie und veranstaltete mir zu Ehren ein Potlatsch, zu dem er die Einwohner anderer Dörfer einlud. Ob sie dann auch kamen oder nicht, war unwesentlich. Es wäre unhöflich gewesen, sie nicht einzuladen.

Die Gäste wurden auf die verschiedenen Familien in Kingcome verteilt, zwanzig oder dreißig Personen auf jedes Haus, die beköstigt und versorgt werden mußten, und Motorboote fuhren in Kingcome Inlet ein, und mit Kanus wurden die Gäste den Fluß hinaufgebracht. Jeden Abend gab einer von meinen Verwandten ein großes Fest – mit Seehundfleisch, Wildenten oder Lachs, und aus Alert Bay waren ungeheure Mengen von Geschenken herbeigeschafft worden. Und jeden Abend wurde getanzt.»

«Hast du den Schneehuhn-Tanz getanzt?»

«Nein, ich habe den Hamatsa getanzt. Ich erinnere mich, daß meine Mutter mich drei Tage lang in meinem Zimmer einschloß, weil niemand den Jüngling, der vom Menschenfressergeist besessen ist, sehen darf, ehe er aus dem Wald zurückkehrt. Ich habe das damals nicht verstanden und fand es gräßlich, so eingesperrt zu sein. Am Abend des Tages, an dem das Tanzfest stattfand, versteckten meine Angehörigen mich im Wald, und als es dunkel war, kehrte ich, den Hamatsa-Schrei ausstoßend, ins Dorf zurück. Ich habe das nie vergessen. Es war der wunderbarste Augenblick meines Lebens.»

Im Morgengrauen, als die Flut stieg, verließen das Forstschiff und die Fischerboote mit den Gästen aus den anderen Dörfern Gilford. Um acht Uhr wurde Mark über Funk nach Turnour Island gerufen, um ein Kind nach Alert Bay ins Krankenhaus zu bringen, doch als er die Rückfahrt antreten wollte, war es so stürmisch geworden, daß sich die Fahrt nach Kingcome verbot. Also blieben sie im Hafen, und das Motorboot rollte in der Dünung.

Am nächsten Morgen, nach dem Frühstück, machten sie sich unter einem bleiernen Himmel bei starkem Wind auf den Heimweg; die Berge waren dick verschneit. Als sie in das Inlet einfuhren, sahen sie, daß die Dorfbewohner zum Wochenende alle zurückgekehrt waren – zahlreiche Boote lagen am Floß vertäut.

Auf dem Fluß war es sehr kalt, wie immer im Winter. Mark spürte den eisigen Wind durch seinen Anorak hindurch, und da sie nicht an die Ebbe gedacht hatten, liefen sie auf Grund und mußten das Kanu über eine Sandbank hinwegziehen. Als sie endlich in Höhe des Pfarrhauses ans Ufer wateten, spürten sie sofort, daß irgend etwas nicht in Ordnung war.

Sie sahen, wie weiter unten am Fluß mehrere ältere Leute eines der geräumigeren Kanus mit großen Kleiderbündeln beluden, als wollten sie eine längere Reise antreten. Unter ihnen befand sich Mrs. Hudson, und als sie Mark und Jim erblickte, blieb sie stumm.

Im Dorf war es sehr still, so still, wie am Tag von Marks Ankunft. Doch diese Stille ermangelte des Friedens. Obwohl es Sonnabend war und die Kinder schulfrei hatten, zeigte sich kein einziges Kind, und kein Hund kam angelaufen, um sie zu begrüßen.

Mark gab Jim ein Zeichen, daß er gleich ins Pfarrhaus hinaufgehen wolle, und Jim nickte und sagte leise: «Ich versuche herauszufinden, was los ist, und komme dann nach und berichte Ihnen.» Doch als er dann kam, dauerte es lange, bis er sprach.

«Am Morgen nach dem Potlatsch brachte Keetahs Schwester ihren Verlobten mit ins Dorf. Er hatte sein eigenes Boot, und ihre Angehörigen waren stolz darauf, daß sie gekommen war, und nahmen auch ihn freundlich auf. Während sie den Frauen ihre roten Fingernägel und ihre neuen Kleider vorführte und ihnen von ihrem neuen Leben erzählte, hielt er sich bei den männlichen Familienmitgliedern auf.»

«Ja. Und was hat er getan, Jim?»

«Er hat ihnen Alkohol zu trinken gegeben. Als Gordons Onkel schon sehr betrunken war, hat er ihm die Riesenmaske verkauft. Der Weiße hat 50 Dollar dafür bezahlt, und der Onkel hat ihm eine Quittung ausgestellt. Am Morgen in aller Frühe, noch ehe es hell wurde, ist der Weiße dann fortgefahren, zusammen mit dem Mädchen.»

«Vielleicht wußte sie von der Sache nichts.»

«Nein, das glaubt die Familie nicht. Die Alten gehen fort, voll Scham und Trauer. Sie fahren zu einem verlassenen Dorf.»

«Aber wovon wollen sie dort leben?»

«Wovon mein Volk immer gelebt hat. Von Fischen, Muscheln und Meeresalgen. Und in der warmen Jahreszeit werden sie Beeren pflücken.»

«Ich muß versuchen, sie davon abzubringen.»

«Das wird Ihnen nicht gelingen.»

«Aber ich muß zu ihnen gehen. Ich muß mit ihnen sprechen.»

«Es wird nichts nützen.»

Als Mark am Ufer entlang zu dem wartenden Kanu ging, wußte er, daß es zwecklos war. Sie waren reisebereit, die Alten aus Keetahs Familie. Warm angezogen gegen die Kälte, saßen sie sehr aufrecht auf den schmalen Querhölzern. Als er auf das Kanu zuging, kamen Keetah und Mrs. Hudson gemessenen Schrittes über den schwarzen Ufersand; sie blieben stehen, und Mrs. Hudson hob ihr stolzes altes Gesicht und sagte langsam zu Mark:

«Was habt ihr uns angetan? Was hat der weiße Mann unserer Jugend angetan?» Und sie wateten durch das eiskalte Wasser und kletterten ins Kanu, und weil jemand, um ihren Weggang zu verhindern, den Außenbordmotor abmontiert hatte, stakte einer der alten Männer das Boot in die Mitte des Flusses, wo es von der Strömung ergriffen wurde; die Paddel hoben und senkten sich. Nicht einmal Keetah blickte zurück.

Sie wuchsen über sich hinaus. Sie waren eine der großen und kleinen Gemeinschaften auf dieser Erde, die freiwillig ins Exil gehen und stolz und unbeirrt an ihrer Lebensform festhalten, auch wenn sie wissen, daß sie untergehen werden.

«Was habt ihr uns angetan?»

Die Worte klangen nach, im Wind, in den Fichten, im Nieselregen, der nun fiel. Bekümmert wandte Mark sich ab und sah die alte Marta. Er sagte: «Marta, was kann ich tun?» Und sie erwiderte: «Sie können warten», und er ging unsicheren Schrittes an ihr vorbei, den Weg hinauf und in die Kirche.

An diesem Abend schrieb er an den Bischof, und als er zwei Wochen später die Antwort erhielt, nahm er den Brief mit in die Kirche, weil er sich davor fürchtete, ihn zu öffnen. Hatte er versagt? War es seine Schuld?

Der Brief war kurz: «Ich glaube, es ist an der Zeit, daß Sie etwas über Tagoona, den Eskimo, erfahren. Im vergangenen Jahr sagte einer von unseren weißen Leuten zu ihm: Wir freuen uns sehr darüber, daß Sie als erster ihres Volkes zum Priester geweiht worden sind. Jetzt können Sie uns dabei helfen, die Probleme des Eskimos zu lösen. Tagoona fragte: Was ist ein Problem? Und der Weiße sagte: Tagoona, wenn ich Sie an den Füßen aus einem Fenster im dritten Stock hinaushielte, so wäre das für Sie ein Problem. Tagoona dachte lange und eingehend darüber nach. Dann sagte er: Das glaube ich nicht. Wenn Sie mich verschonten, so wäre alles gut. Wenn Sie mich fallen ließen, wäre sowieso alles egal. Dann hätten Sie das Problem.»

10

In den kalten, böigen Tagen im Februar und März, als die Männer weder zum Fischfang ausziehen noch auf die Jagd gehen konnten, drehte das Leben der Dorfbewohner sich ausschließlich um sich selbst. Die Gesichter, die sich früher alle so ähnlich gewesen waren, unterschieden sich nun deutlich voneinander. Sogar Marks Ohren hatten sich allmählich auf die so fremdartige Sprache eingestimmt. An einem Wochentag, als die Männer auf Muschelsuche waren und die jüngeren verheirateten Frauen sich in Martas Haus versammelt hatten, um an einer neuen Altardecke zu arbeiten, schaute er dort auf einen kurzen Besuch herein. Die Frauen unterhielten sich, die Köpfe über die Arbeit gebeugt, leise in der Kwákwala-Sprache, und er stellte voller Überraschung fest, daß die Worte nicht mehr wie das Klappern von Stricknadeln klangen und daß die Frauen von ihm sprachen.

«Moment mal», sagte er, «*das* habe ich nie gesagt», und sie hoben verdutzt die Köpfe, brachen dann in schallendes Gelächter aus und sprachen hinfort nie, nie wieder in seiner Gegenwart in ihrer Sprache über ihn.

Wenn Ellie, die kleine Verlorene, vor Tagesanbruch nach Hause zurückschlich, so wußte Mark inzwischen, woher sie kam, und wenn Ellies Mutter nähend im Kreise der anderen Frauen saß, gänzlich teilnahmslos auf die ihr eigene, rührende, vage Art, dann wußte Mark, daß sie sich vermutlich in einer Art Betäubungszustand befand, weil Sam sie wieder einmal geschlagen hatte.

Jim hatte, als Mark ihn auf dem Boot nicht brauchte, zweimal das Dorf verlassen, und obwohl er kein Wort davon sagte, wußte Mark, daß er Keetah und die alten Leute aus ihrer Familie besucht hatte.

«Wie geht es Keetah?» fragte Mark ihn.

«Ich habe ihr gesagt, daß sie mich eines Tages heiraten würde und daß ich ihr ein schönes Haus baue, mit einer rosa Badewanne. Keine Frau im ganzen Dorf hat je eine rosa Badewanne gesehen.»

«Und was sagte sie darauf?»

«Sie sagte, ich hätte keine Manieren. Sie sagte, wenn ich Kaffee wollte, schlüge ich auf den Tisch. Sie sagte, ich wollte nur deshalb eine Frau, damit mir jemand den Haushalt führt», und er lachte, wurde aber gleich darauf wieder ernst.

«Sie macht sich Sorgen um ihre Schwester. Ununterbrochen macht sie sich Sorgen. Es ist jetzt schon über zwei Monate her, daß sie nichts von ihr gehört hat, nicht ein einziges Wort.»

«Ich habe vor, nach Alert Bay zu fahren, um festzustellen, ob es irgendeine Möglichkeit gibt, Ellie von ihren Eltern wegzunehmen und in der Schule unterzubringen. Bei dieser Gelegenheit werden wir die Polizei bitten, nach Keetahs Schwester zu fahnden.»

In Alert Bay ging Mark als erstes in die Schule und unterhielt sich ein wenig mit Gordon und den älteren Kindern aus dem Dorf. Auf der Dienststelle der Royal Canadian Mounted Police besprach Mark mit dem zuständigen Sergeant, einem älteren, verständigen Mann, den Fall Ellie, mußte jedoch erfahren, daß es nicht so einfach sein würde, Ellie von ihren Eltern ohne deren Zustimmung zu trennen. Dann erzählte Mark dem Beamten von Keetahs Schwester, und der Polizist hörte aufmerksam zu, ohne ihn zu unterbrechen.

«Es könnte sein, daß der Mann über einen Händler, der versucht hatte, sie zu kaufen, von der Riesenmaske wußte», sagte er. «Die Händler haben einen Riecher dafür, wann die Fischerei nur wenig einbringt und welche Familie Mangel leidet. Auf die Indianer paßt das Sprichwort: Wie gewonnen, so zerronnen. Das geht zurück bis zu den Tagen der großen Potlatsch-Feste. Sie können nicht mit Geld umgehen, und selbst in guten Zeiten geraten sie in Schulden. Und dann kommen die Händler und luchsen ihnen ihre schönsten Schnitzarbeiten ab.»

«Ich kann es nicht glauben, daß das Mädchen irgend etwas damit zu tun hat. Ihre Familie ist eine der angesehensten im Dorf.»

«Dann traf es sie wahrscheinlich um so mehr, als sie es erfuhr. Ich werde mich umhören nach ihr. Ich bezweifle, daß der Mann sie geheiratet hat. Wenn er sie satt hat, ist sie auf sich gestellt in einer Welt, auf die sie nicht im geringsten vorbereitet ist. Ich verspreche Ihnen, ich werde sie finden.»

Ende März rüsteten sich die Dorfbewohner für das Erscheinen des Olaschen, des Kerzenfisches; dieses Ereignis war so tief in den Traditionen des Volkes verwurzelt, daß alle Tabus und abergläubischen Bräuche wiederauflebten. Und alle wurden befolgt: Keine schwangere Frau darf den Fluß überqueren, kein Leichnam auf dem Fluß befördert werden. Der Häuptling muß den ersten Fisch fangen.

An dem Abend, bevor der Schwarm der flußaufwärts ziehenden Fische erwartet wurde, fand im Gemeinschaftshaus ein großes Fest statt, an dem ein jeder teilnahm – mit Ausnahme des Schullehrers natürlich –, und als das Mahl vorüber war, erzählte der Häuptling die Urmythe vom Olaschen:

«Und Khawadelugha, der ältere Bruder, baute sich sein Haus hier in Kingcome und verzierte die Türpfosten mit Schnitzereien, die menschliche Figuren darstellten, und eines Tages, als er zum Flußufer ging, sah er viele kleine Fische im Wasser und fürchtete sich. Doch der Mann, der vom Mond kam, sagte zu ihm: Fürchte dich nicht. Jahr um Jahr wird dieser Fisch wiederkommen, und er wird zum Reichtum deines Stammes werden, und der Fisch war der Olaschen, und der ältere Bruder nannte seinen Stamm die Tsawatenoch, das heißt: die Leute aus dem Land des Olaschen.»

T. P., der Älteste, erzählte die zweite Mythe:

«Und es kam ein Jahr, da erschien der Olaschen nicht, und die jungen Leute lachten und sorgten sich nicht weiter darum. Doch einer der Alten malte sein Kanu rot an und paddelte nach Knight's

Inlet, bis er zu den beiden Wasserfällen kam, die man die Zwillinge nennt, wo der Olaschen lebte. Was willst du? fragte der Olaschen. – Komm zurück in unseren Fluß. Spiele den jungen Leuten mit, so wie sie mir mitgespielt haben. Und der Olaschen sagte: Hast du Adlerfedern und Ziegenfett mitgebracht? – Ja, ich habe beides hier. – Dann kehre an euren Fluß zurück und bereite die Netze vor, und der alte Mann tat, wie ihm geheißen, und die guten Stammesmitglieder füllten ihre Netze mit Olaschen, während die Netze der bösen zerrissen.»

Am nächsten Tag legten die Männer im Fluß ihre Netze aus, holten sie dann mit den Kanus ein, und das Ausschöpfen begann – die Schultern hoben und senkten sich, und die Luft war erfüllt vom Kreischen Tausender von Möwen, und die kleinen Kinder beugten sich über das Ufer und fingen die Fische in alten Konservendosen.

Die Milchner, die auf der seichten Seite des Flusses hinaufschwammen, wurden auf V-förmigen Darren getrocknet, anschließend geräuchert und eingedost, während die fetteren Weibchen, die die tiefe Seite des Flusses bevorzugten, in riesigen Bottichen über schwachem Feuer zu *gleena* verarbeitet wurden.

Tag um Tag ging das so, und selbst als Mark versuchte, mit seinem Motorboot in ein anderes Dorf zu entfliehen, blieb der Geruch doch in seinen Kleidern haften und hielt auch nach seiner Rückkehr, nachdem die Ölgewinnung längst abgeschlossen war, noch geraume Weile an.

Eines Tages kam der Polizeisergeant unerwartet in einem kleinen Boot den Fluß heraufgefahren; vom Pfarrhaus aus sah Mark ihn kommen und ging ans Ufer, um ihn zu begrüßen.

«Vor dem Gestank hier habe ich mich schon den ganzen Tag gefürchtet», sagte der Sergeant gut gelaunt. «Er ist genauso schlimm, wie ich ihn in Erinnerung habe. Wissen Sie, als ich jünger war – und beträchtlich dümmer als heute –, bin ich um diese Zeit einmal hierhergekommen, weil ich den Olaschen-Fang fotografieren wollte. Ich wußte, daß die Indianer es nicht gern sehen, wenn man das tut, aber ich dachte, sie könnten mich ja nicht daran hindern.»

«Und wie verhielten sie sich?»

«Oh, sie waren sehr zuvorkommend. Sie hießen mich willkommen. Und halfen mir, als ich zurückfuhr, ins Boot, doch dabei brachte einer der jungen Männer es fertig, meine Kamera ins Wasser fallen zu lassen. Auf der ganzen Strecke bis zum Floß glaubte ich ihr Gelächter zu hören, und zu Hause mußte ich meine Uniform vergraben und mir von meinem eigenen Geld eine neue kaufen.»

Mark ging mit ihm zum Pfarrhaus, stellte den Kaffeetopf auf den Herd und machte ein paar Sandwiches zurecht. Nachdem sie ihren Lunch beendet hatten – der Regen trommelte aufs Dach –, zog der Sergeant eine Fotografie aus der Tasche.

«Ist dies das Mädchen? Bitte, sehen Sie sich das Bild genau an.»

Mark tat es.

«Ja. Kein Zweifel, das ist Keetahs Schwester.»

«Der Mann hat sie nicht geheiratet. Als sie die Sache mit der Maske erfuhr, hat sie ihm Vorwürfe gemacht, nehme ich an. Er hat sie dann in Vancouver sitzenlassen und sich aus dem Staube gemacht. Sie war völlig mittellos und hatte bestimmt vorher noch nie eine gepflasterte Straße oder eine Eisenbahn oder eine Telefonzelle gesehen. Sie kannte niemanden, zu dem sie hätte gehen können, sie hatte nichts gelernt, womit sie ihren Lebensunterhalt hätte verdienen können. So landete sie dort, wo sie selbstverständlich freundliche Aufnahme fand.»

«In einer Animierkneipe?»

«Ja. Sie lebte von dem Geld, das ihr die Männer gaben. Niemand wußte, in welches Dorf sie gehörte. Selbst wenn sie das Geld gehabt hätte, sich ein Flugzeug zu mieten – ich nehme an, sie hätte sich geschämt, in ihr Dorf zurückzukehren. Bald nahm sie dann – wie nicht anders zu erwarten – Drogen, und eines Nachts nahm sie zuviel, mit Absicht vermutlich, obwohl wir das nie erfahren werden. Sind Sie sich Ihrer Sache sicher? Ich meine, was das Foto angeht?»

«Ja, ganz sicher, aber ich hätte gern, daß auch Jim das Bild sieht. Er ist heute nicht hier.»

«Wie schnell das manchmal gehen kann – keine drei Monate. Werden Sie es der Familie sagen?»

«Ich werde Jim darum bitten.»

Mark begleitete den Sergeant bis zum Flußufer und sah dem Boot, das Kurs auf Kingcome Inlet nahm, nach. Als er sich umdrehte, wußte er nichts von der tiefen Trauer, die er zu begreifen begann, in seinen Augen.

II

Mit dem Nahen des Frühlings riß der bleierne Himmel auf, die Stürme legten sich, der Regen ließ nach, und Adler und Wanderdrossel kehrten zum Dorf zurück. Hoch oben begleiteten Wildgänse auf den ersten frühen Rückzügen aus dem Süden ihren Flugweg mit frohlockenden Schreien, die weise alte Krähe kreiste krächzend mit lockerem, langsamem Flügelschlag über dem Fluß, und der glänzendschwarze Kolkrabe, der das ganze Jahr über blieb, baute sich in den hohen Erlen sein Nest.

Die ersten Knospen begannen zu schwellen, und die Fichten zeigten ihre hellgrünen jungen Triebe. Das Farnkraut breitete seine zarten Wedel aus, die Teufelskralle streckte den Hirschen ihre frischen Blättchen zum Knabbern entgegen, und die abgemagerten Bären verließen ihre Höhlen und blinzelten ins Licht.

Im Mai waren alle Männer damit beschäftigt, die Boote für den Fischfang vorzubereiten, und am Ufer stapelten sich die zu flickenden Netze mit ihren frisch angemalten grün-weißen Schwimmerkorken.

Die Boote fuhren aus, um den Heilbutt mit dem Fischrechen zu fischen, und Mark und Jim begleiteten sie zwei Tage. Die Männer fischten in Knight's Inlet, einer wilden, wunderschönen, einsamen Gegend; das Boot rollte in der Gezeitenströmung, und die Robben machten ihnen jeden Fisch streitig. Mark und Jim brachten bei ihrer Rückkehr ins Dorf ein verwaistes Seehundsbaby mit, das als Dank für die gewährte Flaschennahrung den Fußboden des Pfarrhauses mit seinen Flossen sauberwischte. Als das Tier alt genug war, lehrte

Mark es im Fluß schwimmen und entließ es in die Freiheit.

Im Juni fuhren die Männer nordwärts, um in River's Inlet mit dem Fischrechen Lachse zu fangen. Mark war tätiger denn je; er holte anfallende Frachtgüter, Postsäcke und Nahrungsmittel und kümmerte sich um alle unvorhergesehenen Notfälle.

Eines Nachts Anfang Juni erwachte er von eiligen Schritten auf dem Weg, hörte seinen Namen rufen und Fäuste an die Tür schlagen.

«Schnell, bitte kommen Sie ganz schnell.»

Im Dunkeln zog er Hose und Schuhe an, griff hastig nach seiner Jacke und folgte dem Indianer, der ihn in die Nacht hinausgerufen hatte, zum Haus von Gordons Mutter, stieg die Stufen hinauf und trat hinter ihm durch die Tür.

Alle weiblichen Verwandten hatten sich im vorderen Zimmer versammelt; die dunklen Augen der Kinder waren groß und fragend. Mark drängte sich an ihnen vorbei und betrat das Schlafzimmer.

Auf dem blutgetränkten Bett lag Gordons Mutter. Mit sechsundvierzig hatte sie ihr sechstes Kind geboren, das, in eine Decke gewickelt, Marta in den Armen wiegte. Alle bisherigen Geburten waren normal verlaufen. Zwar war die indianische Hebamme gerade nicht im Dorf, doch hatte niemand mit irgendwelchen Komplikationen gerechnet. Es handelte sich dieses Mal jedoch um eine Steißgeburt. Das war nicht normal, und selbst Marta wollte aus Furcht vor den Fragen der Polizei lieber nichts mit «Nicht-Normalem» zu tun haben.

«Sie verblutet», sagte Marta. «Sie ist nicht zu retten. Die Zeit reicht nicht, um irgendwelche Hilfe zu holen.»

Mark nahm die kalte Hand der Frau in die seine. Die Fingernägel waren weiß, das Gesicht aschfarben und die Augen unbewegt auf sein Gesicht gerichtet. Er beugte sich über sie.

«Sorgen Sie dafür, daß Gordon eine gute Ausbildung bekommt», flüsterte sie. «Er wird es brauchen.»

«Das werde ich tun.»

Er hielt ihre Hand, bis sie gestorben war; sie starb ruhig und rasch. Marta schickte die Verwandten fort und versammelte die Kinder der Toten um das Bett, an dem Mark das Vaterunser sprach.

Dann schlossen sie die Schlafzimmertür, da vor dem Eintreffen des zuständigen Polizeibeamten nichts unternommen werden konnte; sie entkleideten die Kinder und brachten sie zu Bett. Bei Tagesanbruch fuhren Mark und Jim den Fluß hinunter zum Motorboot, um über Funk die Polizei zu verständigen und auch den Fischerbooten den Tod zu melden, damit die männlichen Verwandten nach Hause kämen. Sie baten sie, in Alert Bay haltzumachen und einen Sarg mitzubringen.

Als Mark ins Dorf zurückkehrte, fiel ihm auf, daß er keine Klageweiber mit zerkratzten Gesichtern sah, und er fragte Marta nach dem Grund.

«Sie wollte das nicht.»

Der Constable kam am Spätnachmittag mit dem Boot. Es handelte sich um denselben Beamten wie damals bei dem Weesa-bedó, und er verhielt sich genauso teilnahmslos und uninteressiert. Mark führte ihn zu dem Leichnam und rief die Verwandten zusammen, damit der Constable ihre Aussagen zu Protokoll nehmen konnte. Als alle Fragen gefragt und die Aussagen unterzeichnet waren, stellte der Polizist die Genehmigung zur Beisetzung aus und fuhr ab.

Dann waren er und Marta allein im Schlafzimmer, allein mit der Häßlichkeit des Todes.

«Marta, was machen wir jetzt?» Und sie sagte es ihm.

Mark drückte der Toten die Augen zu und legte ihre Beine gerade nebeneinander. Er und die männlichen Familienmitglieder trugen den Leichnam in die Kirche und legten ihn in der winzigen Sakristei nieder, wo Marta und die Frauen ihn wuschen, puderten und der Toten dann ihre besten Kleider anzogen, und als der Sarg aus Alert Bay kam, betteten sie sie hinein, schlossen den Sarg und stellten ihn vor den goldenen Adler, vor den Christus mit den dunklen, traurigen Augen und dem Lamm im Arm.

Jeder im Dorf nahm Anteil an diesem Todesfall. Der Tod ließ sich hier weder verbergen noch beiseite schieben. Er war etwas ganz Normales. Geschäftig bereiteten die Frauen das Essen für die Verwandten und Gäste vor, die von auswärts erwartet wurden. Die älteren Männer begaben sich zu dem neuen, rund eine Meile vom Dorf entfernt gelegenen Begräbnisplatz und hoben das Grab aus, während die schon etwas größeren Jungen ihnen folgten und den schmalen Weg von wucherndem Farnkraut und Teufelskrallen befreiten. Sogar die kleinen Kinder gingen in den Wald, um Blumen und Farnwedel zu pflücken, die die jüngeren Frauen für die Kränze brauchten. Die älteren Frauen brachten die Kirche auf Hochglanz. Und Jim und Peter, der Holzschnitzer, unternahmen die lange Fahrt nach Alert Bay zur Schule, um Gordon abzuholen.

Am Morgen des Beisetzungstages läutete Mark die Glocke, und die Dorfbewohner versammelten sich zum Trauergottesdienst in der Kirche. Anschließend ging er als erster durch den Mittelgang hinaus, die Stufen hinunter, zu dem Pfad, der durch den dichten Wald zum neuen Begräbnisplatz führte. Ihm folgten sechs Männer mit dem Sarg, und dahinter gingen sechs weitere, damit die Sargträger abgelöst werden konnten, falls sie ermüdeten. Daran schlossen sich einzeln und hintereinander gehend die Dorfbewohner an.

Zuweilen wurde der Pfad so schmal, daß die Träger den Sarg in Schräglage bringen und ihn behutsam zwischen den Bäumen hindurchmanövrieren mußten; weiter innen im Wald, wo nie ein Sonnenstrahl durch das dichte Laub drang, war der Weg stellenweise so morastig, daß Mark seine Soutane raffen mußte, und er spürte auf seinem unbedeckten Kopf die Tropfen, die nach dem letzten Regen von den dunklen Tannen fielen.

Ein Adler begleitete sie; hoch über ihnen zog er, immer wiederkehrend, seine weiten Kreise, und unversehens überraschten sie eine Hirschkuh mit ihrem Jungen. Sanft stupste die Hirschkuh das Kälbchen vom Weg und schob sich selbst zwischen ihr Junges und die Menschen. Als der Pfad eine Biegung machte, drehte Mark sich um und sah die lange Reihe der Dorfbewohner, die sich zwischen den Zedern und Schierlingstannen hindurchbewegte, langsam und schweigend; zu hören waren nur die Schritte auf dem weichen Waldboden.

So setzte er Fuß vor Fuß; die Luft war regenfrisch und vom würzigen Duft der Tannen erfüllt, der blaue Himmel mit weißen Wolken gesprenkelt. Auf dem Gipfel des Whoop-Szo, oberhalb der Baumgrenze, wartete der Schnee darauf, daß die warme Julisonne ihn mit Donnergrollen zu Tal schickte. Und Mark war es, als gehöre der Tod hierher wie die Berge, wie der Adler und die kleinen, flinken Eichhörnchen, die von den Tannenzweigen auf ihn hinunterlugten. Ihm war, als sei die Häßlichkeit des Todes hier genauso unwesentlich wie die Tannennadeln, die einen Teppich unter seine Füße breiteten, oder wie der Windbruch vom vorigen Jahr im dichten Unterholz.

Als sie die Lichtung erreichten und Mark stehenblieb, setzten die Männer den Sarg ab, und die Dorfbewohner bildeten leise und schweigend einen Kreis darum. Die Grabrede war kurz, und sobald Mark die letzten Worte gesprochen hatte – «Gib ihr die ewige Ruhe, o Herr, und laß dein Licht leuchten über ihr» –, schaufelten die Männer das Grab zu, während die Frauen in der Kwákwala-Sprache die ersten Kirchenlieder sangen, die man den Stamm vor fünfundsechzig Jahren gelehrt hatte.

Dann wurden die Kränze auf das Grab gelegt. T. P., der Älteste, trat vor. Er bediente sich des altertümlichen elisabethanischen Kwákwala, und die Kinder stießen ihre Eltern an und fragten: «Was sagt er?», und ohne daß Mark ihn darum zu bitten brauchte, übersetzte Jim ihm die Worte.

«Er sagt, daß sie eine Mutter des Dorfes war. Sie sprach wenig und nur, wenn sie gefragt wurde, und die Männer hörten auf ihren Rat ... Er sagt, daß sie eine der ersten war, die sich ihren Gatten selbst wählte, und daß ihr Mann der erste Junge war, der ein Paar Schuhe besaß, und daß er diese Schuhe an einen Baum hängte, damit alle sie sehen konnten, die Schuhe aber nicht trug ... Und er sagt, daß sie gut war.»

Zusammen mit Gordon ging Mark ins Dorf zurück, und als der Pfad breit genug war, daß sie nebeneinander gehen konnten, ergab sich die Möglichkeit für ein kurzes Gespräch.

«Jetzt werde ich nach Hause kommen müssen, um für meine Brüder und Schwestern zu sorgen und für das Neugeborene.»

«Nein, das brauchst du nicht. Ich habe alles genau durchdacht. Die älteren werden genau wie du auf die Schule in Alert Bay gehen, so daß ihr zusammen seid. Um deine jüngeren Geschwister sowie um das Neugeborene werden wir uns hier im Dorf kümmern. Es war der ausdrückliche Wunsch deiner Mutter, daß du eine ordentliche Schulbildung bekommen sollst. Ich habe ihr versprochen, dir dabei zu helfen.»

Am nächsten Morgen trat Mark aus dem Pfarrhaus in den ersten schönen Sommertag hinaus. In der Nähe des Flußufers saß Marta auf einem Baumstamm, und der kleine Junge und das Mädchen, seine ersten Freunde, knieten zu ihren Füßen. Als er näher kam, hörte er, wie sie den Kindern in der Kwákwala-Sprache etwas vorsang.

«Wach auf, kleine Tochter, wach auf.
Die Sonne steht hoch, und die Ebbe ist da.
Alle anderen Kinder spielen schon im Wasser.
Du wirst die letzte sein.»

Der kleine Junge rief auf englisch: «Jetzt ich – jetzt bin ich dran», und Marta sang das nächste Lied für ihn.

Ich will den Schwimmer verfolgen wie mein Vater.
Ich will den Bären jagen wie mein Vater.
Wenn ich groß bin, wird es meinem Vater an nichts mangeln.

Dann sah Marta Mark dastehen; auf seinem Gesicht malte sich deutliche Erschöpfung. Mit einer Handbewegung scheuchte sie die Kinder fort, und Mark setzte sich neben sie auf den Baumstamm.

«Sie sind müde», sagte sie.

«Ja.»

Dann saßen sie da, ohne zu sprechen, lauschten dem Kreischen der Möwen und sahen zwei glänzendschwarzen Raben in den Erlen jenseits des Flusses zu. Bald darauf glaubte Mark seinen Augen nicht zu trauen – er sah Mrs. Hudson zum Ufer herunterkommen, ins Wasser waten, in ein Kanu klettern und in die Mitte des Flusses hinausstaken, um ihren Abfalleimer auszuleeren.

«Die Alten sind zurückgekommen», sagte er tastend. «Ich habe sie bei der Beerdigung nicht gesehen.»

«Sie haben sie nicht gesehen, weil wir so viele waren.»

«Gehen sie wieder fort?»

«Nein, sie sind zurückgekommen, um zu bleiben.»

Er war so voll Dankbarkeit, daß er sich nicht zu sprechen traute. Nicht lange, und Häuptling Eddy kam am Flußufer entlanggeschlendert, sah die beiden auf dem Baumstamm sitzen und trat näher.

«Mark», sagte er, «ich soll Ihnen von den Männern ausrichten, daß sie Ihnen jederzeit helfen wollen, ein neues Pfarrhaus zu bauen. Sie brauchen nur zu sagen wann. Es wäre jedoch ratsam, es vor Beginn der Regenzeit unter Dach und Fach zu haben.»

«Ich schreibe noch heute an den Bischof. Bitte sagen Sie den Männern, daß ich ihnen von Herzen danke.»

Dann waren sie wieder allein. Doch irgend etwas war jetzt anders. Die abwartende Zurückhaltung hatte ein Ende. An diesem Abend schrieb Mark an den Bischof, und dessen Antwort bestätigte es ihm. «Sie haben mit ihnen gelitten, und jetzt gehören Sie zu ihnen, und von nun an wird alles anders sein.»

Dritter Teil
Che-kwa-lá

12

Die Männer rissen das Pfarrhaus nieder. Die alten Bretter wurden zersägt und als Brennholz unter die Dorfbewohner verteilt. Das Fundament für das neue Haus wurde, entsprechend dem Grundriß, den der Bischof geschickt hatte, errichtet, und Mark wohnte vorübergehend bei Marta, die ihn mit indianischen Delikatessen verwöhnte: Getreideschößlinge mit Erlenblättern und Salalbeeren gekocht, und Lachsrogen mit Schwalbenwurz und jungem Farnkraut überbacken. Gewöhnlich teilte Jim ihre Mahlzeit, und oft auch Keetah. Am meisten gefielen Mark die langen, dämmerigen Sommerabende, wenn die Alten zu Besuch kamen und von früheren Sitten und Gebräuchen erzählten.

Sie waren sich alle gleich, die Alten, verknüpft durch ein gemeinsames Band. «Wir sind die einzigen, die sich noch an die alten Gebräuche erinnern, und wenn wir jetzt nicht davon sprechen, werden sie vergessen sein.»

Manchmal war Mark ganz erschrocken, wie vieles bereits für immer vergessen war, an wie wenig sie sich nur noch erinnerten aus ihrer langen Vergangenheit, und er ermunterte Keetah, die kleinen Kostbarkeiten, die in den alten Köpfen aufstiegen, schriftlich festzuhalten.

«Und das kleine Mädchen aus der Familie trug die Gräten des ersten Heilbutts ans Flußufer, gab sie dem Meer zurück und sagte: ‹Komm wieder, lieber Heilb-u-u-u-tt, komm nächstes Jahr wieder.›»

«Und die jungen Männer schlenderten durchs Dorf und sangen die alten Liebeslieder, Lieder, die aus dem Herzen kamen und stets von Trennung und Leid handelten.»

«Ich ging mit meiner Mutter eine junge Zeder abrinden, und ich weiß noch, daß sie mit dem Baum gesprochen hat. Sie sagte: ‹Vergib mir, daß ich nach deinem Kleid trachte. Ich werde dich nicht nackt im Wald lassen›, und sie erzählte dem Baum, was sie aus der Rinde machen würde: eine Decke und ein Kopfkissen für ihr Kindchen.»

«Ich fürchtete mich vor dem Hamatsa-Tanz. Ich fürchtete mich vor den Männern, die so wild aussahen, mit ihren Schierlingskränzen auf dem Kopf und den Bärenfellen, die sie sich umgebunden hatten.»

«Mit einem großen Kanu fuhren wir los, um Geschenke für das Potlatsch meines Onkels zu kaufen. Wir gaben alles aus, was wir besaßen, und verschenkten alle unsere Decken. In jenem Winter froren wir, und die Kinder weinten.»

Das erste Wochenende, an dem Gordon, der mit seinem Onkel auf Fischfang war, nach Hause kam, wohnte er bei Marta. Er brachte drei Jungen in seinem Alter mit, die mit ihm auf der indianischen Schule gewesen waren und genau wie er vorhatten, künftig bei einer weißen Familie Logis zu nehmen und in einer von Weißen bewohnten Stadt zur Schule zu gehen.

Solange Gordon da war, kamen weder Jim noch die Alten zu Marta. Gordon interessierte sich nicht für die Vergangenheit. Er dachte nur an die Zukunft, mit jener drängenden Intensität, die die Jugend so egoistisch erscheinen läßt und doch unerläßlich ist bei der Verfolgung hochgesteckter Ziele.

«Glaubst du, daß ich es schaffe?» fragte er Keetah. «Was meinst du?» Und sie antwortete: «Ich weiß, daß du es schaffst. Natürlich schaffst du es.»

Als Gordon wieder zum Fischen hinausfuhr, kamen die Alten wieder; Keetahs dunkler Kopf beugte sich wieder über das Notizbuch, und Jim gefiel sich in der alten Rolle des indianischen Mannes, indem er auf den Tisch schlug, wenn er Kaffee wollte. Dann legte Keetah die Schreibfeder aus der Hand, um ihn, wortlos und ohne ihn anzusehen, zu bedienen.

Als das Frachtschiff das neue, aus Fertigteilen bestehende Pfarrhaus auf dem Floß vor der Flußmündung abgeladen hatte, fuhren alle Männer, die nicht auf Fischfang waren, in ihren Kanus hin, um einen Blick darauf zu werfen und zu beratschlagen, wie es weitergehen sollte. Ein ganzes Pfarrhaus – jeder Balken, jede Schindel, jeder Nagel – wollte den eigenwilligen Fluß hinauftransportiert werden. In seinem uralten Ruderboot mit dem uralten Außenbordmotor kam sogar Katastrophen-Bill herbeigeeilt sowie der junge Holzfäller, dem die Sommersonne auf den steifen, runden Filzhut schien, und alle nickten mit dem Kopf und waren sich darüber einig, daß der schnellste und einfachste Weg, die verschiedenen Einzelteile des neuen Pfarrhauses zum Dorf zu befördern, der wäre, einen Lastkahn von der Forstverwaltung zu mieten, auch wenn das die ungeheuerliche Summe von 30 Dollar pro Tag kostete.

Es nahm zwei volle Tage und Nächte in Anspruch, den Kahn mit dem Bauholz zu beladen, ihn mit aller gebotenen Vorsicht, vorbei an den Baumstümpfen unter Wasser und den Sandbänken, den Fluß hinauf zu manövrieren und zu entladen. Nachts hielt Mark zuweilen für kurze Zeit in der Arbeit inne und blickte um sich. Alle Dorfbewohner halfen mit. Sogar einige Frauen wateten ins kalte Wasser und faßten bei den größeren Teilen mit an, während die kleinen Jungen den Rücken unter dem Zentnergewicht der Nägel beugten; und er sah, wie Keetahs dunkler Kopf sich im flackernden Laternenlicht über den Kaffeetopf neigte, ehe sie die gefüllten Becher zum Ufer hinuntertrug. Am Morgen des dritten Tages kehrte der Lastkahn zurück, und das neue Pfarrhaus lag auf dem grünen Gras der Wiese.

«Und jetzt», sagte Häuptling Eddy voll Stolz, «stellen wir das neue Pfarrhaus auf.»

Sechs Wochen lang war das Dorf von rastloser Geschäftigkeit erfüllt. Jeder verfügbare Mann – und sogar einige Frauen – half mit, das neue Pfarrhaus zu errichten. Es mußte fertig sein, bevor die heftigen Augustregen begannen, und auch noch aus einem anderen Grund, über den niemand sprach. Im August würde es den Indianern zum erstenmal gestattet sein, Alkohol zu kaufen.

Den ganzen Tag, bis in die lang anhaltende Abenddämmerung hinein, war das Geräusch von Hammerschlägen zu hören, begleitet von Gelächter und den Rufen der Männer sowie dem Scharren von Füßen unter der Last der Bretter und Balken.

Eines Abends im Juli verwandelte sich Kingcome Inlet in eine wunderschöne kleine Lichterstadt. Die Wandnetzfischer – einhundertundfünfzig an der Zahl – fischten Lachse. Sie ließen sich langsam von Wind und Tide treiben, die Netze waren bis zur vollen Länge von zwölfhundert Fuß ausgespannt, und die drei Lichter auf jedem Boot stiegen und fielen mit der Gezeitenströmung. Und die Dorfbewohner machten sich mit dem Kanu auf, um das Schauspiel zu genießen.

Wenn Mark und Jim jetzt auf ihren Rundfahrten mit dem kleinen Beiboot das Inlet verließen oder wieder in es einliefen, mußten sie darauf achten, daß sie die Langleinen nicht in Unordnung brachten. Oft brüllten die Männer auf den Fischerbooten laut und ungehalten herüber: «Paßt doch auf, ihr Trottel. Seht ihr denn das Netz nicht?» – Worte, die Mark angenehm in den Ohren klangen, da sie sich nur unter Freunden sagen ließen, was bedeutete, daß er einer von ihnen war.

Als der Fischfang zu Ende war, fuhr die kleine Lichterstadt in die Sommernacht hinaus, und die jüngeren Kinder fragten ängstlich: «Wo sind sie? Wann kommen sie wieder?» Und Kingcome Inlet war so leer wie ein Zimmer, wenn der Weihnachtsbaum seines Schmuckes beraubt und vor die Tür in den Regen gestellt worden ist.

Das waren die schönsten Tage des Sommers. Das Wasser der Bucht war tiefgrün von den Schatten der Tannen, die Kinder tummelten sich den lieben langen Tag im und am Fluß, flink und beweglich wie Seehunde, und das Dorf hallte wider von Gelächter.

Als das neue Pfarrhaus endlich fertig war, gab es eine kurze Atempause, bis die neuen Möbel, die die Frau des Archidiakons auf Bitten des Bischofs ausgesucht hatte, auf dem Floß abgeladen wurden, um anschließend flußaufwärts befördert zu werden.

Mark und Jim unternahmen mit Marta und den beiden Kindern – Marks ersten Freunden – eine Picknickparty. In einer kleinen Bucht mit einem Sandstrand breiteten sie auf einem angetriebenen Baumstamm ihr Abendessen aus und blieben bis in die Nacht hinein.

Es war eine Zeit starken Meeresleuchtens, und sie konnten die Fische springen und in das goldgrün glitzernde Wasser zurückfallen sehen. Und die barfüßigen Kinder liefen rückwärts und freuten sich über ihre kleinen, im dunklen Sand erglühenden Fußspuren.

Als sie in der sanften, stillen Nacht den Fluß hinauffuhren und das Dorf erreichten, trug Mark das kleine Mädchen ans Ufer und Jim den Knaben, und nachdem sie sie bei ihren Eltern abgeliefert hatten, ging Mark noch allein am Ufer entlang, als brächte er es nicht über sich, von dem schönen Tag Abschied zu nehmen. «Bleib noch – vergeh noch nicht –» doch dieser Tag entschwand so rasch wie jeder andere.

Die mit dem Frachtschiff gekommenen neuen Möbel wurden auf dem Floß abgeladen. Die Männer transportierten sie den Fluß hinauf und stellten sie an ihren Platz. Die Frauen bügelten die neuen Gardinen und hängten sie auf, und die kleinen Kinder stahlen sich ins Haus und standen großäugig und staunend da, ohne etwas zu berühren, und der Bischof wurde gebeten, das neue Pfarrhaus persönlich zu weihen, und die Dorfbewohner planten ihm zu Ehren ein Fest.

Die jüngeren Frauen begaben sich umgehend zu Mrs. Hudson, nahmen ehrerbietig in einem Halbkreis vor ihr Platz und fragten in der Kwákwala-Sprache: «Was sollen wir zu essen machen?»

«Gegrillten Lachs.»

«Wieviel?»

Und Mrs. Hudson überlegte ein Weilchen und sagte dann: «Zwanzig Stück.»

«Und was für ein Gemüse?»

«Rübenbrei.»

«Wieviel?»

«Vierzig Pfund.»

Der Bischof ließ bestellen, daß er am frühen Sonntagmorgen mit dem Hospitalschiff ankommen werde und daß er sechs städtische Pfarrherren aufgefordert habe, ihm bei dem Aufenthalt in dem abgeschiedenen Dorf Gesellschaft zu leisten, die am Samstagmittag von einem Wasserflugzeug nach Gilford Island gebracht würden.

Mark und Jim holten die Geistlichen in Gilford ab. Auf dem Rückweg nach Kingcome sahen sie in der Nähe von Whale Pass einen riesigen schwarzen Bären die schmale Fahrrinne durchschwimmen; sie stellten den Motor ab und steuerten das Boot längsseits an das Tier heran. Einem plötzlichen Einfall folgend, griff Jim nach einem Seil und warf dem Bären die Schlinge treffsicher über den Kopf. Zwei gewaltige Tatzen hoben sich aus dem Wasser; wütend schüttelte das Tier den Kopf und zeigte laut knurrend die Zähne. Die Geistlichen lachten und schrien, während Mark die Axt packte, das Seil kappte und der Bär eilig dem Ufer zustrebte.

Als sie beim Floß anlangten und in die Kanus umstiegen, hing dichter Nebel über dem Fluß. Die geistlichen Landratten versuchten verzweifelt, einigermaßen bequem auf den schmalen Querhölzern, die als Sitzbänke dienten, zu sitzen; das Wasser gurgelte bedrohlich, und Jim mühte sich, mit der Stablampe alle ineinander verkeilten Baumstämme und Hindernisse unter Wasser aufzuspüren. Als sie im Dorf eintrafen, standen Keetah und die alte Marta wartend an der Tür des neuen Pfarrhauses und fragten: «Hat es Ihnen gefallen, unseren Fluß hinaufzufahren?»

Zwei der Geistlichen logierten bei Mark; sie schliefen auf dem Sofa, denn das breite Bett im Gastzimmer war natürlich für den Bischof reserviert, während die übrigen Gäste bei Einheimischen wohnten. Am nächsten Vormittag legte das Hospitalschiff am Floß an, und als das Kanu mit dem Bischof in Kingcome haltmachte, stieg auch Caleb mit aus und watete in seinen alten, hüfthohen Wasserstiefeln ans Ufer. Doch der Bischof hatte nichts dergleichen bei sich und wurde huckepack an Land getragen.

Beim Gottesdienst war die Kirche bis auf den letzten Platz besetzt. Caleb taufte zwei Säuglinge. Der Bischof konfirmierte drei junge Indianer, und er hielt auch die Predigt und weihte das neue Pfarrhaus. Als die Kirchgänger sich zerstreuten, fragte er Marta: «Wo war denn Mrs. Hudson?» Und als Marta erwiderte, Mrs. Hudson sei krank, sagte er: «Dann muß ich ihr das Abendmahl bringen.»

Der Bischof ging mit seinem Hirtenstab auf dem schmalen Weg

voran; Mark folgte ihm mit Kelch und Patene. Sie fanden Mrs. Hudson aufrecht sitzend im Bett, mit vielen Kissen im Rücken, und ihr Atem ging in schnellen, kurzen Stößen. Mark, der den unchristlichen Gedanken gehegt hatte, Mrs. Hudsons Atmungssystem funktioniere vielleicht deshalb so schlecht, weil der Bischof sich im neuen Pfarrhaus einquartiert hatte und nicht bei ihr, wie in all den Jahren zuvor, schämte sich im stillen und war überzeugt davon, daß sie im Sterben lag.

Beim Hinausgehen blieb der Bischof noch einen Augenblick vor der Tür stehen und sagte laut: «Wie schade, daß Mrs. Hudson morgen nach dem Festessen nicht am Tanz teilnehmen kann. Niemand tanzt so gut wie sie.»

An diesem Abend trafen sich alle Geistlichen zum gemeinsamen Mahl in der Küche des neuen Pfarrhauses, und Mark erzählte Caleb von den vier jungen Leuten, die eine andere Schule besuchen wollten.

«Haben Sie schon Unterkunft für sie gefunden?» fragte Caleb. «Wenn nicht, bin ich Ihnen gern behilflich. Sie wollen sie ja sicher nicht bei Familien unterbringen, die fragen, ob sie auch nicht schmutzig sind oder stehlen? Ich kümmere mich um die notwendigen Einzelheiten. Bringen Sie sie ruhig zu mir.»

Am nächsten Morgen wurde die Küche zur Klinik, in der der Doktor geschäftig Leiden und Schmerzen aller Art behandelte. Um die Mittagszeit brach einer der Indianer sich den Arm, als der Hilfsmotor an seinem Kanu verrückt spielte; der Mann mußte zum Hospitalschiff gebracht werden, wo der Arm geröntgt und geschient wurde. Am Nachmittag roch es im ganzen Dorf nach Lachs, der über den Feuern aus Erlenholz bruzzelte. Das Festessen fand im Gemeinschaftshaus statt, und anschließend wechselten die Dorfbewohner und Gäste zum Kulthaus über.

Als die Frauen zu tanzen begannen, war unter ihnen auch Mrs. Hudson; sie drehte sich rechtsherum im Kreis, weil der Wolf sich rechtsherum dreht, die Ziermünzen auf ihrem Festumhang blitzten im Feuerschein, und ihr Gesicht war von Freude und Vergnügen rosig überhaucht. Und der Bischof beugte sich zu Mark und sagte leise:

«Ich habe es schon oft erlebt. Ohne daß ich es erklären könnte.»

Caleb und die anderen Geistlichen brachen am nächsten Morgen um sechs zum Hospitalschiff auf; der Himmel war bleifarben, ein kalter Wind wehte. Als der Bischof sich gegen neun Uhr verabschiedete, zu einer seinem Rang gemäßeren Zeit, regnete es heftig. Als er und Mark das kleine Beiboot bestiegen, erschien noch ein weiterer Fahrgast. Bei Dolores, einer der jungen Indianerfrauen, die ihr erstes Kind erst in einem Monat erwartete, hatten die Wehen eingesetzt, und sie bat darum, nach Alert Bay ins Krankenhaus mitgenommen zu werden.

Sie fuhren in wolkenbruchartigem Regen flußabwärts; die junge Frau und der Bischof kauerten unter einer Plastikplane. Am Floß brauchten sie nur kurze Zeit zu warten, ehe das kleine Wasserflugzeug erschien, das den Bischof nach Vancouver Island fliegen sollte.

Der junge Buschpilot war über die Aussicht einer unmittelbar bevorstehenden Geburt ziemlich bestürzt.

«Was mach ich bloß?» fragte er Mark. Mark sagte: «Denken Sie nicht darüber nach. Fliegen Sie jetzt los. Alles andere findet sich von selbst. Los jetzt.» Und zu Dolores sagte er leise: «Halt gut durch. Hörst du?»

«Ja, das tu ich ganz bestimmt –»

«Machen Sie sich Sorgen, weil die Indianer sich ab übermorgen Alkohol kaufen dürfen?» fragte der Bischof Mark, als er ins Flugzeug kletterte.

«Ein wenig schon, Hochwürden. Ich fürchte, daß einige meiner liebsten Pfarrkinder in der Gosse landen werden.»

«Die Kirche gehört in die Gosse. Zuweilen arbeitet sie dort am erfolgreichsten.»

Dann glitt das kleine Flugzeug wie ein Insekt über die Wasseroberfläche, hob ab und flog eine Schleife. Mark sah Dolores' entschlossenes Lächeln. Der junge Pilot winkte, der Bischof hob eine Hand wie zum Segen. Allein stand er hier in der Wildnis auf dem Floß; der Tropfen auf seiner Wange war kein Regentropfen.

13

Der August begann mit Hochwasser. Tagelang regnete es in Strömen, und der Fluß trat über die Ufer. Weg und Wiese waren überflutet, und das Wasser stieg bis zur obersten Stufe des neuen Pfarrhauses. Im Kanu paddelten die Dorfbewohner von Haus zu Haus. Als das Wasser zurückging, beschädigte ein leichter Erdrutsch den Staudamm, und während die Frauen mit Töpfen und Eimern Wasser schleppten, setzten Mark und die älteren Männer den Damm wieder instand. Nachts hörte Mark die Schritte der Männer, wenn sie die Vertäuung der Kanus prüften, und das Prasseln des Regens, der zu einer solchen Selbstverständlichkeit geworden war, daß die Erde, als der Regen schließlich aufhörte, plötzlich von einer seltsamen, unnatürlichen Stille erfüllt war. Dann klarte es auf, die Sonne schien, es wurde unvermittelt warm, und in hungrigen Schwärmen tauchten die Moskitos und die winzigen, unsichtbaren Mücken auf.

Der August war ein Monat der Sorge und des Wartens. Jedesmal kehrte Mark von seinen Rundfahrten zu den anderen Dörfern voller Ängste zurück. In Gilford erzählte ihm der Kapitän des Frachtschiffes, daß die Fischer aus Kingcome in Alert Bay im Laufe einer Woche mindestens 2000 Dollar für Alkohol ausgegeben hätten. Sie wären mit Angehörigen anderer indianischer Stämme, mit denen sie sich nie gut standen, zusammengekommen, und es hätte Prügeleien gegeben, ja, sogar Messerstechereien, und so und so viele Indianer hatten angeblich ihre Boote verspielt.

Als er an einem warmen Nachmittag aus Gilford zurückkam, lag am Floß eine amerikanische Luxusjacht. Offenbar war niemand an Bord, und als er und Jim das Motorboot festmachten und ins Beiboot umstiegen, konnten sie durch die Bullaugen die schön polierte Ruderpinne sehen und das glänzende Mahagoni der großen Kajüte mit der üppigen Bar.

Als sie ins Dorf kamen, sahen sie am Strand ein kleines, ziemlich schäbiges Motorboot, neben dem ein junger Holzfäller in kariertem Hemd hockte. Er sagte, der Besitzer der Jacht habe ihm Geld dafür gegeben, daß er ihn und seine Gäste hierher befördere.

Es handelte sich um drei Frauen und vier Männer, und als er den Weg zum Pfarrhaus einschlug, hörte Mark Geplauder und fröhliches Lachen, und in Höhe des Pfarrhauses sah er die Fremden dann auch – die Frauen in maßgeschneiderten Hosen und Kaschmirpullovern, der Jachtbesitzer in weißer Jacke mit einer goldbetreßten Mütze auf dem Kopf.

Sie schlugen nach Moskitos und Pferdebremsen und blickten ungeniert durch die Fenster ins Kircheninnere. Ihm fiel auf, wie schrill die Stimmen der Frauen waren – er hatte fast vergessen, wie unangenehm das klang.

«Da, seht mal, den komischen Mann da unten am Totempfahl.»

Als er näher herankam und sich vorstellte, waren sie von äußerster Liebenswürdigkeit.

«Was tun Sie hier?» fragte der Jachtbesitzer, und Mark sagte, er sei hier zu Hause, er lebe hier. Und eine der Frauen fragte: «Wie unterscheiden Sie die Indianer – ich meine, wie halten Sie sie auseinander?» Und Mark erwiderte, er mache das genauso, wie sie ihre Freunde auseinanderhalte, weil sie sie kenne.

Er zeigte ihnen das Dorf und beantwortete ihre Fragen, und als sie wieder abfahren wollten, begleitete er sie bis zum Ufer. Als der Jachtbesitzer Marks Beiboot sah, sagte er: «Könnten Sie uns nicht in Ihrem Boot zurückbringen? Für die Moskitos sind wir ein gefundenes Fressen, und der Holzfällerkahn da ist einfach zu langsam. Ihr Klingelbeutel würde davon profitieren.» Mark sagte, nein, sie müßten auf die gleiche Weise zurückfahren, wie sie gekommen seien, und er bemerkte, daß Jim ein Stöckchen aufgehoben hatte und damit eine Dollarnote in den Sand zeichnete.

«Falls Sie mal nach Südkalifornien kommen, müssen Sie uns besuchen», sagte die Frau des Jachtbesitzers. «Dann zeigen wir Ihnen unsere große Pfarrgemeinde», und er wußte, daß es nie dazu kommen würde und daß auch sie das wußte.

Sie stiegen in das Boot des Holzfällers, stießen ab, und der Fluß nahm sie auf. Sie kehrten in ein Leben zurück, das er nicht mehr kannte, ihm so fern wie ein anderer Stern, und er war erleichtert, sie gehen zu sehen – und schämte sich deswegen ein bißchen.

Er warf einen Blick auf die Zeichnung im Sand.

«Was bedeutet das?» fragte er, und Jim antwortete: «Es bedeutet, daß hier ein Amerikaner gestanden hat.»

An diesem Wochenende gab es im Dorf zum erstenmal eine Reihe von Betrunkenen. Drei von den Fischern kamen nach Hause; sie torkelten den dunklen Weg hinauf. In der Nacht drangen aus Sams Haus Laute, wie Mark sie hier noch nie gehört hatte, das schrille, betrunkene Kichern einer Frau, und im Mondlicht sah er Mrs. Hudson sich gleich einer Gewitterwolke auf das Haus zu bewegen und die Stufen hinaufsteigen. Das Gelächter verstummte abrupt.

Im letzten Drittel des Monats besuchte eine englische Anthropologin das Dorf; sie wohnte bei einem Ehepaar, das zu den wenigen Dorfbewohnern gehörte, die keine Christen waren und nicht zur Kirche gingen. Als Mark sie aufsuchte, um ihr seine Hilfe anzubieten, wurde er sofort zurechtgewiesen.

Sie war eine hochgewachsene, virile, grauhaarige Frau, die ihn davon in Kenntnis setzte, daß dieser Besuch hier die Erfüllung eines seit Jahren gehegten Wunsches bedeute.

«Schon als junges Mädchen», erklärte sie, «habe ich mich für die Kultur der Quackadoodles interessiert.»

Mark beeilte sich zu sagen: «Ich hatte mit diesem Wort auch Schwierigkeiten. Es hat einen Monat gedauert, bis ich es konnte. Die Indianer sagen Kwacutals.»

«Junger Mann, seit hundert Jahren nennt man diesen Stamm in England die Quackadoodles, und so wird es auch in Zukunft bleiben.»

«Ich bitte um Entschuldigung.»

Mark fragte sie, ob sie die Kirche sehen wolle, und als sie eintraten, bemerkte sie sofort die Wandverkleidung, die seinen Händen so viele Blasen eingetragen hatte.

«Wieviel schöner wäre es doch gewesen, wenn man das Fachwerk so gelassen hätte, wie es war», meinte sie bekümmert, worauf er ihr sagte, daß zu Weihnachten trotz der Wandverkleidung das Wasser in den Altarvasen zu Eis gefroren gewesen sei.

Sie hörte ihm nicht zu. Was für ein Jammer, daß das Christentum bis hierher vorgedrungen war. Wenn die Weißen hier, wo sie unerwünscht waren und wo sie nicht hingehörten, nicht eingedrungen wären, könnte das durch die Berge und den Fluß geschützte Dorf selbst heute noch als ein letztes Bollwerk einer fast vergangenen Kultur gelten.

Mark versuchte zu sagen, daß kein Dorf und keine Kultur unverändert und ohne Wandlung fortbestehen könne.

«Ich denke oft, wenn dieses schöne, prachtvolle Land überhaupt jemandem gehört, dann den Vögeln und Fischen. Sie waren lange vor dem ersten Indianer hier, und wenn der letzte Mensch von dieser Erde verschwunden ist, wird es wieder ihnen gehören.»

Nach dieser Begegnung suchte Mark die Anthropologin nicht mehr auf. Doch zuweilen sah er sie, wie sie in derben Schuhen und Tweedkostüm mit ihren Notizbüchern und Bleistiften im Dorf umherging und jedermann unzählige Fragen stellte. Nach Ablauf von zehn Tagen klopfte sie ans Pfarrhaus.

«Ich habe meine Arbeit beendet – bis auf die Sache mit dem Raben.»

«Was ist mit dem Raben?» fragte Mark.

«Das ist es ja gerade. Um den Raben gibt es irgendein Geheimnis, das man mir nicht sagen will. Wenn ich einen von den Indianern frage, so sagt er, er wisse es zwar, aber er könne es nicht erklären. Frage ich den Häuptling, so sagt er, er wisse davon, aber die Alten wüßten es besser und ich solle die fragen. Frage ich die Alten, so sagen sie, sie hätten es einmal gewußt, könnten sich aber nicht mehr daran erinnern.»

Mark versprach, ihr dabei zu helfen, und ging mit seinem Anliegen geradewegs zu Mrs. Hudson, die ihm sagte, sie würde sich darum kümmern.

«Es ist eine lange Mythe», sagte sie, «und T. P. Wallace kennt sie gut. Er macht morgen eine Fahrt mit dem Fischerboot seines Sohnes und wird rund fünf Stunden unterwegs sein. Wenn die Anthropologin Lust hat mitzufahren, so müßte diese Zeit genügen.»

Die Engländerin erzählte Mark nicht ein Wort von dem Ausflug, und er erkundigte sich auch nicht danach, doch am gleichen Tag kam spätabends der alte T. P. ins Pfarrhaus, um sich zu entschuldigen.

«Wir hatten Pech. Wir fuhren nach Knight's Inlet hinein, doch auf dem Rückweg gerieten wir in eine sehr starke Gezeitenströmung.»

«Haben Sie ihr die Mythe erzählt?»

«Aber ja. Gleich nachdem wir vom Floß abgelegt hatten, fing ich damit an und war noch nicht fertig, als wir zurückkamen. Aber wissen Sie, sie war so seekrank, daß sie nichts gehört hat. Sie sagte nur dauernd: ‹Oh, wie gräßlich, wie gräßlich.›»

Am nächsten Nachmittag reiste die Anthropologin ab; es war Ebbe, und das Flugzeug konnte nicht auf dem Fluß wassern, also brachten Mark und Jim sie mit einem Kanu zum Floß.

«Das Wasser ist so niedrig wie schon lange nicht», sagte er zu ihr. «Falls wir auf eine Sandbank auflaufen, bleiben Sie bitte im Kanu. Wir steigen dann aus und schieben.»

Die Anthropologin sagte, sie wolle gegebenenfalls auch ihr Teil dazu beitragen. Sie lege keinen Wert auf Gefälligkeiten.

«Nein, bitte nicht, das Wasser ist sehr kalt.»

Gleich darauf liefen sie tatsächlich auf Grund, und Mark stieg in seinen hohen Gummistiefeln ins Wasser, ebenso wie Jim.

«Nun?» sagte die Anthropologin, rollte die Hosenbeine hoch und stieg ebenfalls ins Wasser – und zwar in ein Loch, in dem sie bis zum Hals versank.

Als das Wasserflugzeug ankam und sie an Bord nahm, winkte sie nicht, und sie sahen das Flugzeug im blauen Himmel verschwinden.

«Oh, wie gräßlich», sagte Jim mit übertrieben britischer Aussprache. «Wie gräßlich.»

Doch auch der Vikar hatte ein Wort dazugelernt.

«Los, du Quackadoodle, fahren wir nach Hause.»

Ende August erhielt Mark einen Brief vom Bischof, der ihm schrieb, die Polizei habe ihn darüber informiert, daß von den Dorfbewohnern bisher rund 6000 Dollar für Alkohol in Alert Bay ausgegeben worden seien.

«Bitte, planen Sie für sich selbst mindestens drei Wochen Urlaub ein, wenn Sie die vier Jungen zu ihrer neuen Schule bringen. Das wird den Fischern Gelegenheit geben, ihren Frieden mit den Alten im Dorf zu machen. Und nach Ihrer Rückkehr, wenn der erste Mann an die Tür des Pfarrhauses klopft und sagt, er wisse nicht, wie er seine Familie ernähren oder woher er das Geld nehmen solle, um den Außenbordmotor reparieren zu lassen, dann antworten Sie ihm: ‹Du wirst fischen und jagen, um deine Familie zu ernähren. Du bist mit Paddel und Angelhaken in der Hand geboren. Gebrauche sie.›»

14

Im Spätsommer begaben Mark und Jim sich auf die lange Reise nach Vancouver, um, wie alljährlich, das Motorboot überholen zu lassen. Mit ihnen fuhren die vier Jungen, die als erste aus dem Dorf eine Schule in der Welt der Weißen besuchen sollten, einer Welt, von der sie nichts wußten und die nichts von ihnen wußte.

Häuptling Eddy verstaute die Jungen in dem größten Kanu zusammen mit ihren verschiedenen Bündeln und Pappkartons. Alle Dorfbewohner hatten sich auf dem schwarzen Sand am Flußufer versammelt, um ihnen Lebewohl zu sagen.

«Du wirst schreiben. Du wirst Weihnachten nach Hause kommen», sagte Keetah zu Gordon, und er erwiderte: «Ich verspreche es. Ich werde schreiben. Ich werde mit dem Wasserflugzeug kommen», und seine Augen leuchteten vor Unternehmungslust wie die Augen seiner drei jüngeren Kameraden, und keiner von ihnen wußte, daß er, als das Kanu vom Ufer abstieß und von der Strömung ergriffen wurde, seine Kindheit hinter sich ließ und sie nie wiederfinden würde.

Doch die Alten wußten es. Die Alten wußten, daß auch dieses zu dem langsamen Sterben all dessen gehörte, was ihnen bei ihrer eigenen Rasse teuer war. Und da er den Ausdruck in den alten Augen nicht ertragen konnte, trieb Mark die Jungen zum Einsteigen an und versuchte die nervöse Spannung mit ein paar Scherzen zu lokkern. Jim startete den Außenbordmotor, und sie fuhren ab.

Eines Nachmittags mußten sie auf ihrer Reise südwärts Schutz vor dem Sturm suchen und machten in einem verlassenen Dorf halt, wo die Jungen auf einer Lichtung, die weiß war von zerbrochenen Muschelschalen, Hufeisenwerfen spielten. Nachts schliefen sie auf dem Fußboden, und während der Mahlzeiten in der Kombüse paukte Mark ihnen die kleinen Höflichkeiten der großen weiten Welt ein: «Könnte ich bitte noch ein Glas Milch haben? – Würden Sie mir bitte das Brot reichen? – Verzeihen Sie bitte. – Ich bitte um Entschuldigung. – Wie geht es Ihnen? – Und wenn ihr jemandem die Hand gebt, müßt ihr das mit leichtem Druck tun.» Ihm fiel ein, daß keiner von ihnen je eine Dusche gesehen hatte; er machte eine Zeichnung und erläuterte sie eingehend. «Das hier ist der Warmwasserhahn. Wenn ihr den aufdreht, müßt ihr achtgeben, daß ihr euch nicht verbrüht», und Gordon fragte: «Aber wie wäscht man sich denn Hände und Gesicht in dieser kleinen Kabine, ohne daß einem die Kleider naß werden?»

Nachdem Mark sie auf die kleinen Höflichkeiten hingewiesen hatte, machte er sie mit den gewichtigeren bekannt.

«Wenn jemand dich dreckige Rothaut nennt, was tust du dann?» Als einer der jüngeren Knaben ihm darauf antwortete, sagte Mark rasch: «Nein, das tust du nicht. Nichts Dergleichen. Du machst einen Scherz daraus. Du lachst und sagst: ‹Was ist los, Bleichgesicht?› Und vergeßt nicht: Beim Sport werdet ihr ebenso gut abschneiden wie eure weißen Schulkameraden, ja, wahrscheinlich sogar besser als die meisten, und das werden sie dann auch ohne weiteres zugeben.»

Die ganze Fahrt über herrschten fröhliches Lachen und freudige Erwartung, und als sie endlich in den malerischen Hafen von Vancouver einliefen, erstreckte sich vor ihnen die erste große Stadt.

Sie schliefen auf dem Boot, und am Tage, während die Maschine überholt wurde, zeigten Jim und Mark ihnen die öffentlichen Parks, und sie machten Bekanntschaft mit dem ihren Füßen so hart erscheinenden Straßenpflaster und dem ihren Ohren so ungewohnten Lärm.

Einmal führte Mark sie zum Essen aus, und zum erstenmal saßen sie in einem großen Restaurant. «Die Leute starren uns alle an», sagte Gordon zu ihm, und Mark antwortete: «Unsinn, sie starren mich an, weil ich einen Priesterkragen trage.» Auf dem Rückweg zum Boot kamen sie an drei lärmenden, verwahrlosten jungen Indianern vorbei, und er spürte, wie die Jungen vor Feindseligkeit erstarrten.

«Was ist los?»

«Sie gehören zu einem südlichen Stamm. Wir kennen sie nicht. Es hat nie irgendeine Verbindung zwischen ihnen und uns gegeben.»

Mark machte sein Bootsführer-Patent, um das Motorboot gegebenenfalls auch allein fahren zu können. Seine Schwester, seine einzige nahe Verwandte, kam aus Victoria, um ihn zu sehen, und sie aßen in einem der besten Hotels zusammen zu Mittag. Mark sprach fast ausschließlich vom Dorf, von den Indianern, von den kleinen amüsanten Begebenheiten. Da er daran gewöhnt war, nahm er, zumindest bewußt, die Trauer nicht wahr, die sie aus ihrem Blick nicht verbannen konnte.

Als er einige seiner ehemaligen Kommilitonen aufsuchte, stellte er mit plötzlichem Erschrecken fest, daß er nicht mehr die gleiche Sprache sprach. Sie redeten offen über ihre Probleme und nahmen als selbstverständlich an, es seien auch die seinen. Ob es ihm aufgefallen sei, wie viele junge Leute heutzutage das Leben nicht als Herausforderung zu betrachten schienen? Und wie er mit dem zunehmenden Materialismus fertig würde, der dazu führte, daß so viele Leute meinten, den Glauben entbehren und die Kirche als Anachronismus betrachten zu können? Und Mark erwiderte, in einem indianischen Dorf sei die Herausforderung allen bewußt; die Menschen seien hier aufeinander angewiesen und sie würden alle in die Kirche gehen, selbst die Agnostiker und die Atheisten. Sie kämen aus Achtung vor der Kirche selbst und vor dem Mann, der ihr diene, und auch deshalb, weil es in einem Gebiet von sechstausend Quadratmeilen kaum einen Siedler gebe, dem die Kirche nicht in irgendeiner Weise Gutes erwiesen habe – sei es durch das von ihr betriebene Hospitalschiff oder durch die in ihrem Dienst stehenden Männer.

Am letzten Abend traf sich Mark mit einem seiner früheren Professoren zum Essen, und der Ältere stellte ihm viele Fragen über sein Leben im Dorf.

«Sie werden Caleb immer ähnlicher», sagte er. «Sie haben sich in irgendeinem stillen Inlet über Bord fallen lassen und sind so sehr damit beschäftigt, Ihrem Glauben zu leben, als daß Sie überhaupt noch an sich selbst denken könnten. Wir müssen Sie im Auge behalten, Mark. Bis Weihnachten werden Ihnen Engelsflügel gewachsen sein.»

«Mit Schlamm an meiner Soutane? In diesem Punkt muß ich Sie übrigens einer Unterlassung zeihen. Ich habe während meines Studiums nichts darüber gelernt, wie man Schlamm von der Soutane entfernt.»

«Ich werde das Thema in den Lehrplan aufnehmen. Im vergangenen Winter hat Caleb zu den Seminaristen gesprochen. In der Woche davor hatten wir einen berühmten Theologen zu Gast, und die Studenten haben anschließend die halbe Nacht lang debattiert. Caleb jedoch war wie ein kühler Wind aus dem Norden oder wie Tannengeruch in der Sonne. Keine großen theologischen Probleme. Keine umstrittenen Ansichten. Er sprach einfach über sein Leben da oben an der Küste, und vieles klang recht lustig. Ich habe mir die Gesichter der Studenten angesehen, während sie zuhörten, und hatte mit einemmal das Gefühl, die Gesichter der ersten Christen, die sich vor langer, langer Zeit heimlich in Antiochia trafen, vor mir zu haben.»

Als die Ferien vorüber waren, machten sie sich wieder auf den Weg die Küste hinauf nach Powell River. Die Jungen hatten jetzt genug von der Welt gesehen, um das Ausmaß des vor ihnen liegenden Kampfes beurteilen zu können, und sie verhielten sich so, wie Jim sich an dem Abend verhalten hatte, als Mark ihn kennenlernte – ruhig, gesetzt und stolz. Selbst beim Essen in der Kombüse wurde nicht gescherzt, und als sie am nächsten Tag am Floß im Hafen festmachten, wurden sie vom alten Caleb erwartet.

«Ich hasse Abschiede», sagte er zu Mark. «Machen wir's kurz», und Mark war ganz seiner Meinung.

«Ich habe ausgesprochen gute Unterkünfte für euch gefunden», teilte Caleb den Jungen mit. «Gordon kommt zu einem Arztehepaar. Sie haben einen Sohn, und der Doktor ist Besitzer einer kleinen Segeljacht, mit der er am Wochenende hinausfährt. Tüchtige Hilfe ist ihm da willkommen. Und was euch drei angeht – eine Witwe ist bereit, bei sich so viel Platz zu schaffen, daß ihr beisammen bleiben könnt. Sie hat ein großes altes Haus und zwei erwachsene Kinder. Heute morgen hat sie mich schon gefragt, ob ich wüßte, was sie euch zu essen machen könnte, da bekanntlich nichts so wichtig sei wie ein Lieblingsgericht, wenn man sich in der Fremde heimisch fühlen soll. Und als ich sagte, ihr würdet gern Seetang und Olaschen essen, lachte sie und meinte, sie hätte leider keinen Olaschen im Hause, und ob ihr euch unter Umständen wohl auch mit *apple pie* zufriedengeben würdet?»

Als die Habseligkeiten der Jungen bereits auf dem Floß lagen, gab es einen kritischen Augenblick. Mark streckte Gordon die Hand hin und sagte: «Du wirst einsam sein, und manchmal wirst du auch Angst haben. Auch ich war einsam und hatte Angst, als ich in euer Dorf kam. Beides ist ein unvermeidlicher Bestandteil des Lebens.» Der Reihe nach schüttelte er allen Jungen höchst förmlich die Hand und sah ihnen nach, als sie ihr Gepäck nahmen und hinter Caleb hergingen – eine stolze kleine Schar. Dann war er auch schon unter Deck und ließ die Maschine laufen, während Jim die Haltetaue aufrollte. Sie fuhren ab. Keiner blickte zurück.

Am übernächsten Tag, als sie nicht mehr weit von seinem Sprengel entfernt waren, spürte Mark in sich eine zunehmende innere Erregung, wie jemand sie empfindet, der nach einer ihm besonders lange dünkenden Reise heimkehrt. Wie gut er inzwischen die Landmarken kannte, die Kehre vor Broken Island. Das letzte Leuchtfeuer im Chatham Sund. Den Felsen, der immer schwarz war von Kormoranen und wo er nie versäumte, die Signalpfeife ertönen zu lassen, um zu sehen, wie sie wie ein Vogel aufflogen – und sich dann wieder niederließen. Er kannte die Durchfahrt mit den Delphinen, und selbst mit verbundenen Augen würde er wissen, wann sie an die Stelle in den Johnstone Straits kamen, wo die See rauher wurde, sobald der Wind gegen die Flut stand. Er kannte die Felsen unter Wasser, die auf keiner Seekarte verzeichnet waren, so genau, wie die Indianer sie kannten, denn schon manchmal hatte der Kiel seines Motorbootes sie in dunkler Nacht gestreift.

Als sie in Kingcome Inlet einliefen und sich dem Floß näherten, war ihm wie dem Mann, der vor der Tür seines Hauses steht und spürt, wie die Last des Tages von seinen Schultern gleitet, und denkt: Gott sei Dank, ich bin daheim.

Dann fuhr das kleine Beiboot den Fluß hinauf, vorbei an den verkeilten Baumstämmen und den Baumstümpfen unter Wasser, und auf die weißen Erlen am anderen Ufer des Dorfes zu.

Wie es wohl mit der Trinkerei weitergegangen war? Die Frage hatte ihn während seines ganzen Urlaubs beschäftigt. Doch im Dorf schien tiefster Friede zu herrschen. Niemand schwankte den Weg hinunter. Niemand lag faul im Gebüsch und schlief seinen Rausch aus. Häuptling Eddy, der am Ufer sein Kanu anstrich, winkte ihnen zu und kam näher.

«Wie steht's, Eddy?»

«Alles okay. Alle sind blank, aber keiner ist tot. Man könnte sogar sagen, die Sache ist mehr oder weniger ausgestanden, und das haben wir Sam zu verdanken.»

Sam? Der noch nie in seinem Leben eine nützliche Tat vollbracht hatte? Mark konnte es kaum glauben.

«Er hatte einen besonders guten Fischzug gemacht und dabei eine Menge Geld verdient. Das meiste davon gab er für Schnaps aus, und für den Rest kaufte er eine Waschmaschine, die er im Kanu den Fluß hinaufbefördern wollte. Doch er war so betrunken, daß er einen der Baumstümpfe rammte, die Waschmaschine fiel über Bord und versank.»

«Das tut mir leid.»

«Bei seiner Frau hat das Wunder gewirkt. Sie hätten sie nicht wiedererkannt. Sie schlug ihm die Bratpfanne über den Kopf und schloß ihn aus, und er durfte nicht eher wieder ins Haus, bis er zustimmte, daß Ellie die Schule besuchen kann. Ich nehme an, daß die beiden Sie heute abend aufsuchen werden.»

«Ich bin da, Ed.»

Als Mark das Pfarrhaus betrat, sah er, daß es frisch geputzt war. Auf dem Küchentisch lag ein noch ofenwarmer Brotlaib. Irgendwie mußten die Indianer gewußt haben, daß er heute zurückkam.

15

Am zweiten Tag nach Marks Rückkehr aus seinem Urlaub lud Marta ihn zum Essen ein; sie bat Jim nicht dazu, was ungewöhnlich war.

«Nach dem Abendessen kommen die Alten», sagte sie zu ihm. «Sie haben ein Anliegen.»

«Glaubst du», erkundigte sich Mark bei Jim, «daß sie sich noch immer wegen der Trinkerei grämen oder darüber, daß die Jungen diese auswärtige Schule besuchen? Hast du das Gefühl, daß sie das Dorf wieder verlassen wollen?»

Jim sagte, nein, das glaube er nicht.

«Wenn es das wäre, bin ich sicher, daß man es mir gesagt hätte. Es muß etwas sein, das nur die Alten angeht.»

Während des Essens erwähnte Marta nichts davon, was die Alten wollten. Sie fragte nach den Urlaubstagen in Vancouver und nach Gordon und den anderen Jungen.

«Die jüngeren werden sich leichter eingewöhnen», sagte Mark. «Gordon wird sich da schwerer tun. Er ist wesentlich älter als seine Mitschüler. Aber er wird es durchstehen, Marta, und den Kampf gewinnen.»

Nach dem Essen wurde an die Tür geklopft, und die Alten traten ein: Mrs. Hudson, T. P., Peter, der Holzschnitzer, und noch einige andere, die Mark weniger gut kannte und die noch in der Kwákwala-Sprache dachten und träumten und nur wenig Englisch sprachen.

Nachdem alle Platz genommen hatten, herrschte längeres Schweigen, wobei die Alten Mark ernst und eindringlich ansahen. Sie waren nicht wegen des Trinkens gekommen, und es hatte auch nichts mit dem Weggang der Jungen zu tun. Es ging um etwas, das in den tiefsten Glaubenswerten des Stammes wurzelte; Mark spürte das und wartete.

T. P. ergriff das Wort.

«Wir kommen wegen des alten Bestattungsplatzes», sagte er. «Außer dem Weesa-bedó ist dort schon viele Jahre niemand mehr bestattet worden.»

«Und ihr wollt, daß der Weesa-bedó zum neuen Bestattungsplatz überführt wird. Handelt es sich darum, T. P.?»

«Nein – er soll bleiben, wo er ist. Ganz früher haben wir unsere Toten in eine rechteckige Kiste gelegt, und diese Kiste in einen großen Baum geschoben. Alle Äste unterhalb der Totenkiste wurden abgesägt, so daß die Tiere nicht an sie herankommen konnten. Jede Familie hatte ihren eigenen Bestattungsbaum; wenn später jemand bestattet wurde, zog man die Kiste mit Stricken hoch.»

«Ich habe es gesehen.»

«In späterer Zeit haben wir dann einen großen Baum zehn Fuß über dem Erdboden abgesägt und auf diesem Stumpf eine Hütte gebaut, und in dieser Hütte haben wir zehn, manchmal auch mehr Totenkisten untergebracht.»

«Ja, ich weiß.»

«Doch inzwischen sind viele Kisten von den Bäumen gefallen, und auf die Grabhütten, die wir auf den Baumstümpfen errichtet haben, sind andere Bäume gefallen. Die Gebeine unserer Vorfahren liegen verstreut auf der Erde, die alten Totems sind verfallen und die Schnitzereien für immer zerstört.»

«Wenn ihr darüber beunruhigt seid», sagte Mark und wählte seine Worte mit Bedacht, «könnten wir ein großes Gemeinschaftsgrab ausheben und dort hinein sämtliche Totenkisten sowie die verfallenen Schnitzereien betten. Wenn ihr wollt, komme ich morgen früh mit euch und den älteren Männern mit, um mit dem Aufräumen zu beginnen.»

Die alten Leute erhoben sich.

«Das ist ein gutes Wort», sagte T. P. «Ich hole Sie morgen früh ab.»

Am nächsten Tag hielt das gute Wetter an, und Mark machte sich mit den älteren Männern auf den Weg, doch was ein so vernünftiges Vorhaben gewesen zu sein schien, wurde unversehens zu gewaltiger, makabrer Mühsal.

Der schmale Pfad, der zu dem alten Bestattungsplatz führte, war völlig zugewachsen. Nachdem sie sich mit Buschmessern einen Weg gebahnt hatten, sahen sie die Verwüstungen des diesjährigen Windbruchs; die von den Bäumen gefallenen alten Kisten und die Grabhütten waren mit Buschwerk und abgebrochenen Ästen bedeckt.

Die Aufräumungsarbeiten nahmen fünf Tage in Anspruch, dann kletterten Jim und andere junge Männer mit Stricken in die hohen Tannen, um die noch nicht zerfallenen Kisten abzuseilen. Wo die Kisten zu Boden gestürzt waren, gab es nur noch Knochenreste, doch dort, wo sie sich in der luftigen Höhe gehalten hatten, waren die Leichname zum Teil mumifiziert. Die Kupferarmbänder, inzwizwischen grün und papierdünn, umschlangen noch immer die Handgelenke, und neben dem Kopf waren noch die alten Wassergefäße zu sehen, die man dem Toten mitgegeben hatte für den Fall, daß die Seele auf ihrer Reise von Durst geplagt wurde.

Als das riesige Grab ausgehoben war, wurden insgesamt vierzig Kisten hineingesenkt sowie alle verwitterten Knochen, die man gefunden hatte, und die Reste der alten Grabpfosten und Schnitzereien. Die Männer legten auch die Kleider, die sie bei der Arbeit getragen hatten, dazu. Dann, an einem sonnigen, klaren Morgen, hielt Mark einen kurzen Gottesdienst ab, und das Grab wurde zugeschüttet. Als das geschehen war, sah Mark Erleichterung in den Augen der Alten, und wieder ergriff T. P. das Wort.

«Endlich ist ein Mann zu uns gekommen, der dafür gesorgt hat, daß unsere Toten in Frieden ruhen können.»

Auf dem Rückweg zum Dorf blieb Mark vor dem Haus von Peter, dem Holzschnitzer, stehen und setzte sich für ein Weilchen auf die Stufen, um mit ihm zu plaudern.

«Der Frühling wird den großen neuen Grabhügel mit Gras bedecken», sagte Peter. «Der Duft von Blumen wird wieder die Luft würzen, und die alten Leute werden oft dort hingehen.»

«Warum werden sie das tun, Peter?» fragte Mark langsam.

«Um sich zu vergewissern, daß unsere Toten endlich sicher sind vor dem Hamatsa.»

«Ich kenne die Mythe vom Hamatsa nicht.»

«Diese Mythe ist eine Geschichte, die keinen Schaden anrichten wird, wenn ich sie Ihnen erzähle:

Ein junger Mann war reif für den Tanz, und er wußte nicht, welchen Tanz er tanzen sollte. Er erhob sich in seinem roten Gewand aus Zedernbast, warf seine Umhänge von sich und erklomm einen Berg, bis er an einen See kam und einen Eistaucher erblickte. Der Eistaucher sagte: Ich weiß, weshalb du gekommen bist, und ich will dir helfen, und er führte ihn zu einem Haus, aus dem Rauch wirbelte, und sagte ihm, er solle eintreten. Der Pförtner ließ ihn ein und forderte ihn auf, Platz zu nehmen, und ein anderer Mann, der Kannibalenmann, fragte, weswegen er gekommen sei, und der junge Mann erwiderte: Weil ich so sein möchte wie du.»

«Und dann?» fragte Mark.

«Dann verschwand der Kannibalenmann hinter einem Wandschirm und kam mit einem Leichnam wieder, den er verschlang, und dann verschlang er noch einen zweiten Leichnam; im ganzen verschlang er vier, weil das die heilige Zahl ist, und eine Frau ging hinter ihm her und sammelte die Knochen in einen Korb. Dann tanzte er viermal ums Haus, kletterte einen Pfahl hinauf und war verschwunden. Und er senkte das Pfeifrohr, das den Kannibalenruf erzeugt, in den jungen Mann und band Tannenzweige um seine Handgelenke und Knöchel, und der junge Mann tanzte den Tanz, wie es ihn gelehrt worden war, und kehrte in sein Dorf zurück.

Und eines Abends beschlossen seine Leute, ein Tanzfest zu geben. Sie entzündeten eine Pechfackel und schickten vier der Dorfbewohner nach Wasser, doch keiner von ihnen kam zurück. Sie hörten den

Hamatsa-Ruf und erkannten den jungen Mann, und sie wußten, daß er vom Kannibalenmann verhext worden war und die vier Männer aufgefressen hatte.

Sie sangen ihre Lieder und stapelten im Kulthaus Behälter mit Essen bis unters Dach, und das Dach öffnete sich, und sie hörten einen Schädel herunterrollen und fürchteten sich.

Am nächsten Abend versuchten seine Leute, den jungen Mann ins Haus zu locken, um ihn zu bändigen. Viermal, an vier aufeinanderfolgenden Nächten erschien er, und sie dachten, er sei geheilt, da er sich in ein junges Mädchen verliebt hatte. In der letzten Nacht begriffen sie, daß er nicht geheilt war, und sie töteten ihn durch Zauber, und er kehrte in den Wald zurück und ward nie mehr gesehen. Das ist die Mythe, die die alten Männer erzählen, und sie bewirkt keinen Schaden.»

«Und der Tanz erzählt diese Mythe?»

«Ja. Das zeremonielle Winterfest schloß mit dem Hamatsa-Tanz ab, und er dauerte vier Nächte. Der dazu ausgewählte junge Mann verschwand aus dem Dorf und lebte hinter dem alten Bestattungsplatz in einer kleinen Zedernhütte. Ich weiß das, denn als ich ein Kind war, lag das Haus meines Vaters am äußersten Dorfrand, und ich war derjenige, der dem jungen Mann sein Essen brachte.

Mein Freund, Sie können sich nicht vorstellen, wie das war – wenn in der ersten Nacht die Dorfbewohner warteten und dann endlich der Ruf des Hamatsa aus dem Wald zu hören war und immer näher kam. Zu Lebzeiten meines Vaters wurde derjenige, der bei einem falschen Schritt des Hamatsa-Tänzers lachte, noch getötet. Zu Lebzeiten meines Vaters hatten die Frauen Angst, wenn der Hamatsa in der zweiten Nacht mit einem Leichnam vom alten Bestattungsplatz erschien, und sie fragten: Stammt dieser Leichnam von meinem Familienbaum? Ist es ein Verwandter von mir? Als ich klein war, kam der Hamatsa bereits ohne Leichnam, weil die Regierung es verboten hatte; er hatte ein Stück Seehundsleber im Mund und tat nur so, als beiße er die Leute. Als Junge habe ich auf den Armen der alten Männer die Narben gesehen und ihren Erzählungen gelauscht.»

Dann verfiel Peter in Schweigen, und Mark stand auf und ging durch den Wald heim.

Wie es wohl damals gewesen war, vor langer Zeit, als Zauberei, Geister und der Kannibalenmann, der am Nordende der Welt wohnte, das Leben hier im Dorf beherrschten? Wie es wohl war, wenn der Hamatsa nachts zwischen den riesigen Bäumen auftauchte und seinen gedämpften, schrecklichen Ruf ertönen ließ? Er würde es nie wissen. Kein Mensch würde es je wissen. Doch Mark hatte den Widerschein der uralten Bräuche sich auf den Gesichtern spiegeln sehen wie das Glühen eines verlöschenden Lagerfeuers, und er wußte, daß der Hamatsa endlich von seinem heiligen Wahnsinn erlöst worden war und seinen Frieden in den tiefen Wäldern gefunden hatte.

16

Fast unbemerkt kam der Herbst und mit ihm die zweite Blüte des Hartriegels. Es war windstill, die Wolken über dem Dorf hingen tief, und es regnete leise. Wann immer Mark und Jim von einer Rundfahrt wiederkamen, wartete Keetah am schwarzen Sandufer auf sie, ebenso wie Gordons Onkel.

Hatte Caleb geschrieben? Und wie ging es Gordon? Hatte er Heimweh nach seinem Dorf?

«Caleb hat geschrieben. Es geht nicht gut. Gordon ißt nicht und schläft nicht und wird immer magerer.» Und abends, in den längs des Weges stehenden Zedernhäusern, wiederholten die Alten diese Worte, leise und voller Hoffnung. «Er wird zu uns zurückkehren, wie Jim zurückgekehrt ist. Er ist ein Indianer geblieben.»

Dann wurden Calebs Briefe zuversichtlicher. Gordon gäbe sich große Mühe und mache Fortschritte. Er wolle das Pensum von zwei Jahren in einem Jahr schaffen. In den kleinen Zedernhäusern nickten die Alten mit den Köpfen. «Und wenn das Jahr zu Ende geht, wird er von seinen Verrücktheiten kuriert sein und zu seinen Leuten zurückkehren.»

Als die Tannen nadelten, trübte sich das Wasser des Inlet, und auf dem Fluß trieben die ersten grünen Erlenblätter. Als die Nächte kälter wurden, färbte sich der kleine Beerenbusch unter der hohen, dunklen Zeder feuerrot, und am tiefgrünen Inselufer wurde eine einsame Pappel zu Gold.

Jetzt gehörte das Land vor allem den Wildvögeln. Wenn er auf die Flußmündung zufuhr, stellte Mark den Motor des kleinen Bootes ab, um die lauten Schreie der ersten Schneegänse zu hören, die in riesigen Scharen auf ihrem Weg von Sibirien zum Tal des Sacramento hoch über ihm hinwegzogen. Er kannte die weißen Ketten, die sich von der Bristol Bay her näherten, und er hielt Ausschau nach der weißen Zeichnung auf dem dunklen Halsgefieder der Kanada-Gänse. Er kannte die schwarzen Wildgänse, die sich zur vorgerückten Jahreszeit vom Seegras in der Izemberg Bay ernährten. Wie ein Flüstern, wie ein langer Seufzer hörte es sich an, wenn sie auf ihrem Weg nach Niederkalifornien in großer Höhe das Dorf überflogen.

Hier kannte jeder Vogel und jeder Fisch seinen Weg. Jeder Baum hatte auf dieser Erde seinen bestimmten Platz. Nur der Mensch hatte seinen Weg verloren. Dann, als die Wildgänse fort waren und der Bär und die kleinen, Winterschlaf haltenden Tiere sich für die lange Ruhezeit in ihre Verstecke zurückgezogen hatten, standen die Stämme der entblätterten weißen Erlen auf der anderen Flußseite nackt, und der Mensch trat in Erscheinung, um erneut seine Ausdauer und Treue sich selbst gegenüber unter Beweis zu stellen. In völliger Abgeschiedenheit hatten die Indianer durch die Jahrhunderte hindurch gelebt, und in der Abgeschiedenheit lernte Mark sie am besten kennen.

Er vertraute Jim, wie er noch niemandem vertraut hatte; entwikkelt hatte sich ihre Freundschaft in den langen Stunden auf dem Motorboot, in denen keiner von beiden ein überflüssiges Wort äußerte. Nach wie vor fuhren sie, auch als es kälter wurde, in dem kleinen, offenen Boot den Fluß hinauf, und im Pfarrhaus erwartete sie ein warmes Essen, das Marta auf dem Herd bereitgestellt hatte, und Keetah hatte ihre Sachen gewaschen und gebügelt, und der alte Peter hatte Holz gehackt und es aufgestapelt, und von jedem Fisch- oder Jagdzug lag ein Stück Fisch oder Wildbret da. Und am Abend klopften die Indianer bei ihm an, fragten, ob sie ihm etwas helfen könnten, oder baten ihn um Hilfe, und die Kinder kamen, ohne anzuklopfen, herein, blieben bewegungslos stehen und sahen ihn mit großen, sanften Augen an, ein schüchternes Lächeln auf dem Gesicht.

So kam und ging der Herbst wie das Wasser des Flusses, und wieder stand Mark am Weihnachtsabend in der kleinen, stillen Kirche mit dem goldenen Adler, der im Kerzenlicht schimmerte, und beobachtete, wie das Licht in den Häusern herankam. Als er die Tür öffnete, um sie zu begrüßen, sah er, daß auch Gordon heim in sein Dorf gekommen war.

Bei Gordons Anblick überflutete ihn ein Gefühl des Stolzes, in das sich sofort ein stechender Schmerz mischte. Den scheuen, auf alles Neue versessenen Knaben in Fischerkleidung mit dem etwas zu langen dunklen Haar im Nacken gab es nicht mehr. Wie er sich in so kurzer Zeit verändert hatte – ein gut aussehender junger Mann in städtischer Kleidung, mit weißem Hemd und Krawatte, und das Gesicht gezeichnet von dem errungenen Sieg.

Als er mit Keetah die Stufen heraufkam, streckte Mark ihm die Hand hin und sagte: «Willkommen zu Hause, Gordon. Wie geht es dir?» Und Gordon antwortete ernst: «Danke, Mark. Es geht mir gut», und er ergriff die dargebotene Hand mit festem Druck, genau wie die Weißen es tun.

Jetzt lag dieser Hauch von nervöser Spannung wieder in der Luft – selbst hier in der Kirche. Als T. P., Gordons Großvater, an die Chorschranke trat und die Hände hob, um die Hostie in Empfang zu nehmen, sah Mark, daß der ehrwürdige alte Mann ihr Zittern nicht verhindern konnte.

Jeden Tag machten Mark und Jim sich schon früh auf den Weg mit Weihnachtsgaben, die für den Holzfäller und seine Familie, für Katastrophen-Bill und für die entlegenen Holzfällerlager und die anderen Dörfer bestimmt waren. Und wenn sie zurückkamen, hörten sie jedesmal allerlei Gemunkel im Dorf:

«Gordon sieht gar nicht mehr wie ein Indianer aus. Fällt dir das nicht auf?»

«Er tunkt sein Essen nicht in die *gleena*. Er behandelt uns von oben herab. Er kritisiert die Sitten und Gebräuche, die ihm sein ganzes Leben lang vertraut waren.»

«Das ist nur natürlich. Man kann es nicht anders erwarten. Er wird die Schule beenden und dann für immer wiederkommen. Genau wie Jim wird er wiederkommen, und er wird sein Haar wachsen lassen und seine frühere Kleidung wieder tragen. Er wird wieder einer von uns sein. Er wird frei sein.»

Eines Abends wurde ans Pfarrhaus geklopft, und als Mark die Tür öffnete, standen draußen im Dunkel Gordons Großvater und sein Onkel. Er führte sie hinein und bat sie, Platz zu nehmen. Als sie sich gesetzt hatten, war es der Großvater, der das Wort ergriff.

«Wir werden ein Familienessen für Gordon geben. Da wir wissen, daß Sie an dem Tag nicht im Dorf sein werden, sind wir gekommen, um Ihnen zu sagen, was wir mit Gordon vorhaben.»

«Einiges davon glaube ich bereits zu wissen, T. P. Ich habe die Veränderung, die mit ihm vorgegangen ist, so gut wie Sie bemerkt, und habe mich bemüht, es mit Ihren Augen zu sehen. Wenn er im Sommer wiederkommt, wollen Sie sicher ein großes Potlatsch veranstalten und ihn bei dieser Gelegenheit in die Riten ihres Clans und in die überlieferten Tänze einführen.»

«Ja, das ist ein Teil davon. Wenn die Regenzeit vorüber ist, werden die Männer der Familie ein Haus für ihn bauen, und wenn er und Keetah heiraten, werden wir ihnen eine schöne Hochzeit ausrichten mit vielen Gästen, die Häuser im Dorf werden voller Menschen sein, und es wird ein prächtiges Hochzeitsfest geben.»

Und der Onkel fügte hinzu: «Und ich bleibe nächstes Jahr während des Fischfangs zu Hause. Gordon soll meinen Platz einnehmen; er wird der Boss sein. Wenn wir ein gutes Fischjahr haben, wird er dabei nicht weniger als 4000 Dollar verdienen. Kein anderer junger Mann im Dorf hat eine so vielversprechende Zukunft.»

Der alte Mann beugte sich vor.

«Mark, werden Sie Ihren Einfluß geltend machen, daß er zustimmt?»

«Nein, das werde ich nicht tun. Das muß er allein entscheiden. Ich bin sicher, daß er das inzwischen selbst weiß, denn er geht mir aus dem Weg. Wenn er sich entschließt zurückzukehren, werde ich sehr stolz auf ihn sein. Entscheidet er sich für das Gegenteil – auch wenn es euch das Herz bricht –, werdet ihr am Ende ebenfalls sehr stolz auf ihn sein.»

Mark und Jim waren an dem Abend, an dem das Festessen für Gordon stattfand, in einem anderen Dorf. Keiner von ihnen sprach davon, doch sie dachten beide ständig daran. Vor seinem geistigen Auge sah Mark die betagten und noch nicht so betagten Mitglieder des Familienclans in T. P.s altem Zedernhaus unter den dunklen Bäumen versammelt und hörte, wie T. P. in der ehrwürdigen Kwákwala-Sprache seinen Appell an Gordon richtete und die anderen stumm auf dessen Antwort warteten.

Ein Sturm verzögerte ihre Rückkehr. Als sie schließlich bei trübgrauem Regen anlangten, war es völlig still im Dorf. Kein Indianer ließ sich blicken. Kein Kind erschien im Pfarrhaus, um sie zu begrüßen. Nun kannten sie Gordons Antwort.

Nachdem es dunkel geworden war, kam er. Keetah begleitete ihn.

«Du hast deinen Entschluß gefaßt?» sagte Mark.

«Ja. Ich hatte mir Bedenkzeit ausgebeten und habe zwei Tage und Nächte darüber nachgedacht. Aber das ist nicht der Grund meines Kommens. Ich wollte Sie fragen, ob Sie mich morgen früh nach Alert Bay bringen könnten, von wo aus ich das Flugzeug nehmen kann.»

«Aber natürlich. Das weißt du doch.»

«Dann gehe ich jetzt zu meinem Großvater und sage ihm, daß ich draußen in der Welt bleiben und die Universität besuchen will. Ich will der erste von meinen Leuten sein, der einen Beruf ergreift. Als ich damals fortging, war es, als schnitte ich mir mit dem Messer ein Stück aus meinem eigenen Fleisch, aber meinem Großvater zu sagen, daß ich nicht zurückkommen möchte, heißt, ein Messer nehmen und es meinen Leuten tief ins Herz zu stoßen.»

«Ich weiß.»

«Mark, ich kann nicht mehr zurückkehren. Ich habe mich zu sehr verändert. Mein ganzes Wesen hat sich verändert. Ich kann nie mehr nach Hause zurückkehren.»

«Eines Tages wirst du in beiden Welten leben können. Und ich will dir etwas sagen, Gordon, was ich auch schon deinem Großvater gesagt habe. Du wirst dein Volk da draußen in der Welt repräsentieren, und es wird stolz auf dich sein. Und selbst wenn du nicht zurückkehrst, wirst du feststellen, daß die Arbeit, die du tust, daß der Mensch, zu dem du dich entwickelst, daß alles, was an Tiefem und Gutem in dir ist, darauf gründet, was du hier gelernt hast. Und noch etwas. Was ist mit Keetah?»

«Keetah geht mit mir. Ich kann sie nicht hier zurücklassen. Sie hat nicht versprochen, bei mir zu bleiben, aber sie will es versuchen.»

Noch vor Anbruch der Dämmerung fuhren die vier am nächsten Morgen flußabwärts zum Floß, wo sie auf das Motorboot umstiegen. Gordon blieb im kalten Regen an Deck, sah zu den Bergen hinauf und auf die steilen Ufer. Keetah sprach kein Wort. Sie kochte Kaffee und trug die gefüllten Becher für Mark und Jim in die Kajüte. Sie sah keinem von beiden ins Gesicht, nicht ein einziges Mal.

In Alert Bay blieb nur Zeit zu einem hastigen Händedruck, ehe sie in das Wasserflugzeug überwechselten. Als Mark und Jim zu dem Motorboot zurückkehrten, um die Heimfahrt anzutreten, war Jim der erste, der sprach.

«Keetah wird zurückkommen. Sie weiß es heute schon.»

«Gordon wird es schaffen und wird schließlich imstande sein, in beiden Welten zu leben», sagte Mark. «Doch wenn Keetah nicht stark genug ist, aus freien Stücken zurückzukehren, sondern eigenes Versagen sie dazu zwingt, wird sie in keiner der beiden Welten je wieder leben können.»

17

Kurz nach Weihnachten kam das Hospitalschiff auf seiner Rundfahrt auch nach Kingcome. Als Mark das Tuckern des kleinen Motorboots, das den Arzt und den Kapitän zum Dorf brachte, hörte, ging er ans Flußufer hinunter, um sie zu begrüßen, und er sah zu seiner Freude, daß auch Caleb mitgekommen war.

«Ich habe mich selbst eingeladen», erklärte Caleb. «Ich hatte eine Mitfahrgelegenheit, und wissen Sie, was diese Sünder taten? Erst verabredeten sie hinter meinem Rücken, daß der, der sich übers Essen beklagt, automatisch als Koch fungieren muß, und anschließend setzten sie mir den abscheulichsten Lunch meines Lebens vor. Während der ganzen Fahrt durch die Johnstone Straits habe ich nichts anderes getan als Kartoffeln geschält», und Mark sagte, er könne bleiben, so lange er wolle, und brauche auch keine einzige Kartoffel zu schälen.

Wiederum wurde die Küche zum Ambulatorium. Als die Kinder ihre Spritzen bekommen hatten, die Pillen verteilt und die Zähne gezogen waren, kam aus Village Island die Nachricht, daß ein Indianer sich das Bein gebrochen habe, und Doktor und Kapitän verließen Kingcome auf dem schnellsten Wege. Mark säuberte die Küche und stellte den Kaffeetopf aufs Feuer. Er erzählte Caleb von Gordon und Keetah, doch der alte Geistliche schwieg dazu, und Mark spürte, daß er aus einem bestimmten Grund hierhergekommen war. Worum handelte es sich? War er der Meinung, Mark habe sich nicht bewährt? War es das?

Draußen brach die Dunkelheit ein, und kalter Regen fiel.

«Ich liebe den Regen, junger Freund. Sicherlich waren es solche regnerischen, unwirtlichen Nächte, in denen die Küstenindianer ein Bild von sich selbst erschufen. Es mögen rund achtzigtausend gewesen sein, die viele verschiedene Dialekte sprachen, zu vielen verschiedenen Stämmen gehörten und sich überall an dieser langgestreckten, zerklüfteten Küste niedergelassen hatten und hier in kleinen Siedlungen lebten. Und doch begannen sie auf dieselbe Weise, wie auch wir begonnen haben.»

«Mit den Mythen, Caleb?»

«Ja. Sie fuhren aufs Meer hinaus, und das Meer wimmelte von Fischen, die Wälder waren voller Wild und Beeren und die Luft voller Vögel. Nahrung war leicht zu finden. Das ließ ihnen genügend Zeit, schöpferisch zu sein, und sie besaßen einen außergewöhnlich großzügigen Freund.»

«Wer war das?»

«Der Zedernbaum. Aus seinem dicken braunen Fell konnten sie sich Kleidung und Decken machen. Er ließ sich bereitwillig von ihren ersten Steinäxten und hölzernen Keilen spalten. Aus seinem Holz bauten sie ihre Häuser und Kanus, schnitzten sie Masken und Totempfähle. Aus Dankbarkeit machten sie aus ihm eine Mythe, und wenn Sie in den Regen hinausblicken, sehen Sie zuunterst an dem hohen Totempfahl den Zedernmann, der die Symbole dieses Stammes auf seinen Schultern trägt.»

Mark füllte die Kaffeetassen von neuem.

«Im Sommer vor drei Jahren flog ich zu den Königin Charlotte-Inseln», sagte Caleb langsam. «Ein alter Freund, ein Haida-Indianer, holte mich mit seinem kleinen Boot ab, und tagelang fuhren wir durch die alten, verlassenen Haida-Siedlungen und besuchten auch Tanu, die berühmteste von ihnen.

Am besten in Erinnerung geblieben ist mir ein Dorf, das keinen Namen hatte. Niemand wußte, wie es früher geheißen hatte und wie lange der Ort schon verlassen war und warum. Wir gingen vor Anker und ruderten an Land. Ein Totempfahl, grau und schlicht wie eine griechische Säule, stand am Strand. Doch tief im Wald entdeckten wir weitere Totempfähle; sie waren alle völlig verwittert und mit Moos bedeckt, und aus den Überresten wuchsen neue Bäume. Sie stammten aus dem Wald, die Totems, und der Wald hatte sie zurückgefordert.

Und mit einemmal hatte der Ort etwas Unheimliches. Es war, als würden Augen uns folgen; die Stille war erfüllt von Stimmen, und wenn wir sie auch nicht hören konnten, spürten wir sie doch. Wir fühlten uns als Eindringlinge und gingen eilig zum Ufer zurück und ruderten, ohne uns umzusehen, zu unserem Boot.»

«Caleb, warum erzählen Sie mir das?»

«Weil es Kingcome nicht anders ergehen wird, und zwar schneller, als wir glauben. Der lange Treck gen Süden, die einsame Küste hinunter, ist noch nicht zu Ende. Die jungen Leute werden Gordon folgen. Nicht lange, und nur die Alten und ein paar wenige andere werden noch hier sein, und wenn die Alten sterben, werden auch sie fortgehen. Die Menschen hier werden die Einfachheit ihres Lebens eintauschen gegen die gleißende Mechanisierung unserer Welt, doch sie werden nicht glücklich sein, da sie eines nicht voraussehen können: die Welt da draußen wird sie nicht so ohne weiteres akzeptieren.»

Ein langes Schweigen folgte.

«Und jetzt bin ich dran, Caleb», sagte Mark. «Sie haben recht. Eines Tages werden sie alle fortgegangen sein, und die falschen Leute werden sich ihrer für die falschen Zwecke bedienen. Für Propagandazwecke, für Politik, für egoistische Ziele, ja, auch aus Habgier. Aber Sie haben eines vergessen. Die Menschen hier haben einen treuen Freund, der sie versteht und ihnen beistehen wird. Sie haben Freunde wie Sie, Caleb. Glauben Sie nicht, Caleb, daß Sie für diese Menschen im täglichen, wirklichen Leben das verkörperten, was der Zedernmann ihnen in der Mythe war?»

Der alte Geistliche machte ein verlegenes Gesicht.

«Ja, es könnte sein, daß daran ein bißchen etwas Wahres ist, Mark», sagte er bescheiden. «Und was auf mich zutrifft, das trifft auch auf Sie zu.»

Vierter Teil
Komm, Wolf, komm, Schwimmer

18

Eines Nachmittags im Januar setzte starker Frost ein, und an jeder geschützten Stelle des Flusses, wo die Strömung weniger reißend war, begann sich Eis zu bilden. Zwei Tage lang machten alle arbeitsfähigen Männer des Dorfes verzweifelte Anstrengungen, den Fluß eisfrei zu halten, damit er schiffbar blieb, doch in der dritten Nacht erwachte Mark, der an der Reihe war, sich auszuschlafen, vom scharrenden Geräusch der Kanus, die auf den Sand gezogen wurden, und er erhob sich und kochte einen großen Topf Kaffee, den er hinunter ans Ufer trug.

Am nächsten Morgen liefen die Kinder fröhlich über die feste Eisdecke ans andere Ufer des Flusses, und am Nachmittag taten die Männer das gleiche und schleppten soviel Brennholz wie möglich nach Hause, denn nun war das Dorf von der Außenwelt abgeschnitten, und kein Boot konnte mehr Dieselöl oder Propangas herbeischaffen.

Sich ernähren, sich warm halten, am Leben bleiben. Keine Frau sagte: «Es tut mir leid. Ich habe nur Brennmaterial für meine eigene Familie», und kein Mann sagte: «Es stimmt, daß ich einen Hirsch geschossen habe. Was ich nicht brauche, friere ich ein. Ich kann dir nichts abgeben, mein Freund.»

Dann fielen riesige nasse Flocken an Stelle des trockenen Schnees, und das Eis auf dem Fluß begann zu bersten, und Mark und Jim konnten mit dem Kanu zum Floß fahren und dann mit dem Motorboot weiter zum Floß-Laden, wo sie Nahrungsmittel sowie etliche Gallonen Dieselöl und mehrere große Propangasflaschen holten.

Auf dem Floß erwarteten sie Männer aus dem Dorf, um beim Beladen der Kanus zu helfen; der starke Schneefall hielt an, die Berge und die Steilufer ringsum schimmerten geisterbleich in der Dunkelheit. Und der Fluß erschien Mark wie ein Sinnbild des Lebens, ein unaufhörliches Kommen und Gehen der Freuden und der Qualen.

Als auf den Schnee kalter Regen folgte, hielt Krankheit ihren Einzug ins Dorf. Zweimal legte das Hospitalschiff am Floß an, und Jim und Mark brachten den Arzt im Kanu zum Dorf. Die Küche des Pfarrhauses wurde zum Ambulatorium, und der Doktor stapfte auf aufgeweichten Wegen zu denen, die zu alt oder zu krank waren, selbst zu kommen. Und zweimal wurde einer der Alten in Decken gewickelt und sorgsam auf den Boden eines Kanus gebettet, bei heftigem Regen zum Hospitalschiff gebracht und von dort weiter nach Alert Bay. Doch niemand starb.

Im Februar begann das Muschelsuchen in Gilford, und zum erstenmal seit sechs Wochen war es Mark möglich, die anderen Dörfer, die seiner Fürsorge unterstanden, zu besuchen. Immer wieder lautete seine Eintragung im Logbuch: «Starker Sturm», vor dem er stets in irgendeiner kleinen, leewärts gelegenen Inselbucht Schutz suchte. Und wenn er eines der kleinen Dörfer erreicht hatte, wurde der tragbare Altar aufgestellt, im Schulhaus oder in einem der Wohnhäuser, und es wurden, von einem Akkordeon oder einem Banjo begleitet, ein oder zwei Kirchenlieder gesungen. Es war überall das gleiche. Was die Menschen in dem langen, grausamen Winter erwarteten, waren keine schönen Predigten. Sie suchten Gemeinschaft.

Mark und Jim verbrachten fünf Tage in den anderen Dörfern, und als sie auf dem Heimweg, während die weißen Berge von Kingcome schon sichtbar wurden, am Floß von Katastrophen-Bill vorbeikamen, warf Mark wie immer einen Blick auf Bills baufällige Hütte, um festzustellen, ob aus dem Schornstein Rauch aufstieg. Doch es war nichts zu sehen.

«Wahrscheinlich ist er fort», sagte Jim. «Wegen des Schnees stehen alle großen Holzfällerlager noch leer. Nur wenige Männer bleiben das ganze Jahr über. Vermutlich hat ihn ein Holzschiff mitgenommen.»

«Laß uns anlegen, Jim. Besser ist besser.»

Wie oft hatte er hier haltgemacht, sei es, weil ein Sturm aufkam, sei es, um einen Schwatz zu halten. Und immer hatte Bill den geschnitzten Walroß-Stoßzahn hervorgeholt, der als Markierungsbrett beim Cribbage diente, und gesagt: «Nur ein Spielchen, Mark. In der Zwischenzeit wärme ich auf dem Herd etwas zu essen für uns.»

Doch dieses Mal antwortete keine rauhe Stimme auf sein Klopfen, und er öffnete die Tür und trat ein. Da stand der Tisch mit der zerschlissenen Wachstuchdecke, und auf dem Herd wartete, wahrscheinlich halb voll mit Satz, der Kaffeetopf darauf, daß Bill eine Handvoll Kaffee hineinwarf und den Inhalt noch einmal aufkochen ließ. Da stand der zerbrochene Lehnstuhl, und auf dem Feldbett in der Ecke lag Bill.

Mark zog den Stuhl ans Bett heran, setzte sich und klopfte Bill leicht auf die Schulter.

«Was ist los, alter Freund? Hast du beim Fällen nicht aufgepaßt?»

«Ich wußte, daß Sie kommen würden. Ich habe darauf gewartet. Ich wollte sehen, wie es mit dem Schnee ist, und bin ein Stück hochgeklettert, doch ich rutschte ab, sauste den Steilhang runter und wachte erst auf, als die Flut schon an meinen Stiefeln leckte. Irgendwie hab ich mich dann hierhergeschleppt.»

«Seit wann liegst du hier?»

«Ungefähr seit vier Tagen. Aber ich brauche bloß was zu essen in Reichweite und einen warmen Ofen. Wenn Sie vielleicht mein Bett an den warmen Herd rücken würden, dann könnte ich ab und zu ein Scheit Holz hineinwerfen.»

Mark betastete ihn behutsam von oben bis unten.

«Ich fürchte, du hast dir die Hüfte gebrochen, Bill. Was du brauchst, ist eine kleine Reise nach Alert Bay. Wenn das Hospitalschiff in der Nähe ist, kann es dich hinbringen, sonst schaffe ich dich hin.»

«So eine Geldverschwendung. Die würden mir da als erstes meine schönen langen Unterhosen ausziehen, und ich kann an Lungenentzündung sterben.»

Und Mark dachte: Und was glaubst du, was du hier machst?

Während Mark Feuer machte, gab Jim per Sprechfunk einen Notruf durch, doch das Hospitalschiff war zu weit fort und konnte Bill nicht abholen; eine Sturmwarnung war ausgegeben worden, und der Seegang in der Meerenge war bereits ziemlich hoch. Aber das alles spielte kaum eine Rolle. Es war für jede Hilfe zu spät, das wußte Mark, und Bill wußte es auch.

Mark setzte sich neben das Feldbett.

«Ich bin nie ein frommer Mann gewesen, Mark. Sie würden mich vielleicht für einen Heiden halten. Ich weiß es nicht.»

«In jedem von uns steckt etwas von einem Heiden, Bill. Keiner von uns weiß sehr viel – nur gerade genug, um in der Dunkelheit vertrauensvoll die Hand auszustrecken.»

«Unter meinem Kopfkissen ist eine Karte von Knight's Inlet. Ich habe an der Stelle, wo ich mal Bäume gefällt habe, ein Kreuz gemacht. Ich dachte immer, wenn's mal soweit ist, wär es schön, wenn meine Asche –»

«Schon gut, Bill. Ich verspreche es dir.»

«Und keine lobenden Worte über mich. Wir wissen beide, daß es Lügen wären. Machen Sie es im Frühjahr, am ersten sonnigen Tag.»

Mark saß die ganze Nacht an Bills Bett, bis die Hand, die er umfaßt hielt, der seinen entglitt und die Pausen zwischen den Atemzügen immer länger wurden. Als der Morgen graute, stieß der alte Holzfäller einen tiefen Seufzer aus, und es war vorbei. Mark breitete eine Decke über den Leichnam und kehrte zum Motorboot zurück, um den Wetterbericht zu hören; es hieß, daß die Meerenge um die Mittagszeit möglicherweise wieder passierbar sei. Über Funk gelang es ihm schließlich, seinen Freund, den Sergeant, zu erreichen; er erzählte ihm, was geschehen war, und bat um die Genehmigung, die Leiche zwecks Einäscherung überführen zu dürfen. Der Polizeibeamte gab sie ihm, und danach legte Mark sich für einige Stunden schlafen.

Als er erwachte und an Deck ging, stellte er fest, daß das Wetter sich ein wenig gebessert hatte. Dann erlebte er erneut einen jener kleinen, unvergeßlichen Vorfälle, die ihn mittlerweile schon nicht mehr überraschten. Die kleine Gruppe von Holzfällern, die den

Winter über im nächstgelegenen Lager geblieben war, hatte die Nachricht von Bills Tod über Funk gehört, und da sie es unpassend fanden, daß er seine letzte Reise nur in eine alte Persenning gewikkelt antreten sollte, hatten sie einen schönen Sarg für ihn gezimmert.

Es waren im ganzen sechs Männer in zwei kleinen Booten; ein drittes Boot brachte das Ehepaar vom Floß-Laden herbei, das den Funkspruch ebenfalls gehört hatte und nun seine Hilfe anbot. Die Frau trug einen alten Anzug ihres Mannes über dem Arm, da es für sie feststand, daß sich nun endlich die Gelegenheit bieten würde, Bill seiner langen Unterhosen zu entledigen, damit er seinem Schöpfer in einem schicklichen Aufzug gegenüberträte. Doch als sie ihnen, nachdem Mark und Jim die Leinen aufgefangen hatten, wortlos den Anzug entgegenhielt, schüttelte Mark den Kopf.

«Bill wollte sich im Leben nicht von ihnen trennen», sagte er freundlich, «und ich glaube nicht, daß er es jetzt möchte», und für einen Augenblick stieg in den ernsten Augen und wettergegerbten Gesichtern unter den gestrickten Wollmützen ein Lächeln auf, das gleich darauf wieder verschwand.

Zwei der Holzfäller halfen, Bill in den Sarg zu legen; vorsichtig trugen sie ihn nach achtern und zurrten ihn fest. Dann legte Mark seine Soutane an und sprach einige schlichte Gebete. Nach dem Segen ließ Jim es acht Glasen schlagen, zum Zeichen, daß die Wache beendet war, machte die Leinen los, und Bill trat seine letzte stürmische Reise zum Land der glücklichen Holzfäller an, wie er es immer genannt hatte.

Als sie sich schon ein gutes Stück vom Floß entfernt hatten und die letzten Ausläufer des Südweststurms fauchend nach Kingcome Inlet hineinfegten, blickte Mark zurück und sah, daß die Handvoll Menschen noch immer auf dem kleinen Floß vor dem verschneiten Ufer stand.

Nie fuhr er künftig, wenn er die anderen Dörfer besuchte, an dem Floß vorbei, ohne ein kurzes Gebet für den alten Bill zu verrichten und sich seines Versprechens zu erinnern.

«Im Frühjahr, Bill. Am ersten schönen Tag.»

19

Den ganzen langen Winter über fragte niemand: «Wie geht es wohl Keetah?» Eines Nachmittags schaute Mark bei Marta herein; sie saß am Feuer und strickte an einem dicken grauen Indianer-Pullover, dessen Rückseite ein schneeweißer Eisbär zierte, und er fragte: «Ist der für mich?» Und Marta antwortete: «Nein, diesmal nicht. Er ist für Keetah.»

«Sie glauben, daß sie zurückkommt?»

«Ja.»

«Aus freien Stücken? Oder weil sie gescheitert ist?»

«Aus freien Stücken, Mark», und Martas sanfte, dunkle Augen blickten lange und forschend in die seinen, und sie sagte nichts mehr.

Keetah kam im März wieder, an einem stürmischen, trüben Tag. Von Gilford, wohin sie geflogen war, brachte ein Mann aus dem Dorf, der vom Muschelsuchen übers Wochenende nach Kingcome zurückkehrte, sie zum Floß.

Sie saß während der Fahrt flußaufwärts sehr aufrecht auf dem schmalen Querholz des Kanus, und als sie in Höhe des Pfarrhauses hielten, ließ sie sich nicht von den Männern ans Ufer tragen. Sie zog ihre städtischen Schuhe aus, stieg ins kalte Wasser und watete an Land, blieb bewegungslos auf dem heimatlichen schwarzen Sand stehen, wandte dann langsam den Kopf, um den Whoop-Szo auf der anderen Seite des Flusses zu betrachten, und richtete den Blick schließlich auf die Berge von Kingcome hinter dem Dorf.

Im Pfarrhaus hörte Mark, wie die kleinen Kinder und Marta ihr entgegenliefen, um sie zu begrüßen, und er trat ans Fenster, sah Keetah und wußte, daß sie nicht länger das scheue, rührende, zarte Mädchen war, das über das Ende des Schwimmers geweint hatte. Keetah war als Frau zurückgekehrt.

An diesem Abend wartete Mark im Pfarrhaus auf Keetahs Klopfen; er war sicher, daß sie kommen würde, um ihm von Gordon zu erzählen, von Caleb und von dem, was sie da draußen in der weiten Welt erlebt hatte. Sie kam nicht; niemand klopfte an die Tür des

Pfarrhauses, und am nächsten Tag sah er sie nur von weitem.

Am Sonntagmorgen saß Keetah wie immer auf ihrem Platz, doch als der Gottesdienst vorüber war und Mark an der Tür stand und jede Hand schüttelte – «Wie ging es in Gilford, gab es viele Muscheln?» – «Ist das Ersatzteil für deinen Außenbordmotor schon gekommen, Sam», ging sie ohne ein Wort davon.

Er wartete und stellte keine Fragen, selbst an Jim nicht. Zum erstenmal seit dem Tod von Gordons Mutter schienen die dunklen Augen wieder abwartend auf ihm zu ruhen. Keetah war zu ihren Leuten zurückgekehrt, sie wußten, warum sie zurückgekehrt war, und taten so, als sei sie nie fort gewesen. Doch was war mit ihm? Es war Mark, an dem sie zweifelten, und ihm wurde plötzlich bewußt, daß er sie noch immer nicht kannte – möglich, daß kein Weißer sie je wirklich kennen würde –, aber er wußte auch, daß sie ihn besser kannten als er sich selbst.

Am Sonnabendmorgen, zwei Wochen nach Keetahs Rückkehr, schleppte Mark wie gewöhnlich Brennholz in die Kirche, und als er es in die Kiste geworfen hatte und sich umwandte, stand Keetah regungslos neben dem goldenen Adler; mit ausgestreckten Händen ging er langsam auf sie zu.

«Ich wußte, du würdest kommen. Du hattest Angst, ich könnte nicht damit einverstanden sein, daß du ins Dorf zurückgekommen bist. Das ist es doch? Oh, Keetah, hast du so wenig Vertrauen zu mir?» Er setzte sich in die erste Bank, und sie setzte sich neben ihn, doch es dauerte lange, bis sie zu sprechen begann.

Caleb hatte sich um sie gekümmert. Alle hatten sich um sie gekümmert. Er hatte ihr eine Unterkunft verschafft und auch eine Arbeit, damit sie Wohnen und Essen bezahlen konnte, solange sie noch die Schule besuchte. Die Frau, bei der sie wohnte, hatte zunächst Bedenken gehabt, weil sie zum erstenmal ein indianisches Mädchen aufnahm, und sie hatte gefragt: «Ist sie schmutzig? Stiehlt sie auch nicht?» und hatte mit ihr gesprochen wie mit einem Kind. «Du mußt zweimal die Woche baden. Du mußt jeden Abend um halb acht zu Hause sein.» Und das, obwohl die Frau weder Geburt noch Sterben eines Menschen jemals miterlebt hatte und sich gewiß auch davor gefürchtet hätte. In der Schule war Keetah fehl am Platze gewesen. Sie war älter als die anderen und hatte gehört, wie zwei jüngere indianische Mädchen zueinander sagten: «Was sucht diese alte Person denn hier?»

Keetah sprach stockend und hob nicht ein einziges Mal den Blick. Dann stand sie langsam auf, und auch Mark erhob sich.

«Ich konnte weder schlafen noch essen. Ich vermißte mein Dorf. Ich vermißte meine *gleena* und meinen Fisch. Nachts träumte ich vom schwarzen Sand von Kingcome und von den Bergen. Die Welt da draußen drohte mich zu verschlingen, und ich begriff, daß ich dort nicht bleiben konnte, weil hier der einzige Ort ist, wo ich meiner selbst sicher bin.»

«Auch hier ist die Welt, Keetah.»

«Gordon wurde dem weißen Mann mit jedem Tag ähnlicher. Selbst in der Kirche stießen die weißen Mädchen einander an und fragten: Wer ist dieser gutaussehende junge Mann? Ich bin inzwischen für Gordon zu indianisch – er weiß das so gut wie ich. Er wird eine Weiße heiraten, die mehr für ihn tun kann, als ich es kann, oder auch eine Indianerin, die seit ihrer frühesten Kindheit in der Welt der Weißen gelebt hat. Ich habe meine Schwester an den Tod verloren. Ich habe Gordon an das Leben verloren, und das ist härter. Aber etwas anderes ist noch härter.»

«Nach Hause zu kommen, Keetah?»

«Ja, nach Hause zu kommen in das Dorf, das ich liebe. Es ist geblieben, wie es war. Ich nicht. Ich habe gesehen, wie ein weißer Mann sich seiner Frau gegenüber verhält. Er läßt sie an seinen Vergnügungen teilhaben, ja, selbst an seiner Arbeit. Er heiratet sie nicht, um sie dann zu verlassen und auf Fischfang zu gehen. Jetzt weiß ich, was Gordon schon lange wußte. Hier in meinem eigenen Dorf bin ich so frei, wie kein Weißer es je ist, und lebe doch zugleich wie hinter einer Mauer. Ich habe Gordon nicht gesagt, daß ich zurückgehe, aber ich glaube, er wußte es. Manchmal, wenn er nicht über seinen Büchern saß, gingen wir ins Freie, fort aus der Stadt, zu den Bäumen und in den Wald. Ich bin so lange geblieben, bis ich sicher war, daß ich, wenn ich zurückkehre, ein Kind von ihm erwarte.»

«Um ihn zu halten – damit er dich heiratet –, um ihn zu zwingen zurückzukehren?»

«Nein! Er weiß es nicht. Er wird viele Jahre nicht zurückkehren, und wenn er es tut, wird niemand es ihm sagen. Nicht um ihn zu halten. Um ihn freizugeben. Um einen Teil von ihm hier in seinem Dorf, unter seinen eigenen Leuten zu bewahren, damit sie durchhalten können, damit auch ich leben kann.»

Sie sah ihm abwartend in die Augen.

Was sie getan hatte, war für sie folgerichtig, und wenn er ihr sagte, daß es unrecht sei, würde er sie vernichten.

«Wenn das, was du getan hast, mir auch fremd ist, so glaube ich doch, ich verstehe es. Du wirst die Mauer überwinden. Du wirst so lange hierbleiben, so lange das Dorf besteht, und eines Tages wirst du Martas Stelle einnehmen und zu einer der großen Frauen deines Stammes werden, und ich werde immer stolz auf dich sein.»

An diesem Abend sagte Mark beim Essen zu Jim: «Keetah erwartet ein Kind von Gordon. Hast du das gewußt?»

«Ja.»

«Ändert das irgend etwas für dich?»

«Ein Kind ist immer willkommen», sagte Jim. «Wenn ich sie heirate, wird es mein Kind sein.»

20

An einem Sonntag Ende März passierte wieder einer jener kleinen unvergeßlichen Vorfälle, auf die Mark inzwischen beinahe schon wartete. Der Schnee war abgetaut. Tag um Tag hatte es beharrlich geregnet. Als Mark die Glut im großen, runden Ofen schürte und die Kirchenglocke läutete, fiel ihm auf, daß der bleifarbene Himmel, der den ganzen Winter über auf dem Dorf gelastet hatte, weniger düster und dunkel wirkte. Während der Abendmahlsfeier, gerade als er die uralten Worte sprach: «Und dieserhalb, mit Engeln und Erzengeln und mit der Gemeinschaft der Heiligen», war die Kirche plötzlich von strahlendem Licht erfüllt, und die geneigten Köpfe hoben sich, weil alle das Glitzern der Sonne auf dem mit Schnee bedeckten Gipfel des Whoop-Szo sehen wollten, und Mark war es, als fiele die Last des Winters von aller Schultern und als höre er den Seufzer der Dankbarkeit aus den Herzen aufsteigen.

Nur langsam verließen die Dorfbewohner nach dem Gottesdienst die Kirche. In kleinen Grüppchen blieben sie noch vor dem Zedernmann am Fuß des hohen Totempfahles stehen.

«Wie mager wir sind», sagte der alte Peter. «Genau wie der Bär, wenn er seine Höhle verläßt und blinzelnd im hellen Licht steht.»

Sie stimmten ihm kopfnickend zu, daß der grausame Winter hart zu ihnen allen gewesen sei. Dann stieg T. P., der Älteste und Gordons Großvater, die Kirchenstufen hinauf, hob die Hand und rief: «Ruhe. Ich bitte um Ruhe. Ich habe euch etwas Wichtiges zu sagen. Sobald das Muschelsuchen vorbei ist und ehe der Fischfang beginnt, also während wir auf den Olaschen warten, richte ich meinem Großneffen Jim ein großes Potlatsch mit Tänzen aus, um ihn in die Riten und Zeremonien unseres Clans einzuführen. Alle von euch sind eingeladen, ebenso unsere Verwandten in den anderen Dörfern; es wird ein großes Fest werden mit vielen Geschenken.»

Einer der älteren Männer, ein entfernter Verwandter, erstieg ebenfalls die Stufen, stellte sich neben T. P. und sagte zu ihm: «Wenn ihr einverstanden seid, so wird meine Sippe ebenfalls ein Fest geben, zu Ehren eurer Familie, und wir werden zu Ehren eures Großneffen tanzen.»

«Ich bin einverstanden.»

Nun brachen alle in fröhliches Gelächter aus und redeten in der Kwákwala-Sprache durcheinander; die jungen Frauen sammelten sich um Mrs. Hudson, damit sie ihnen sagte, welche Mengen von Nahrungsmitteln mit dem Boot herangeschafft werden mußten und wie man es mit den Geschenken halten sollte. Die jüngeren Männer bildeten eine andere Gruppe, die älteren eine dritte.

«Es werden dann mindestens dreihundert Menschen hier sein. Wie werden wir sie satt bekommen ...?»

«Wir wollen den Hunde-Tanz tanzen. Laßt uns die Tänze tanzen, die hier in unserem Dorf entstanden sind.»

«Und dann müssen wir uns die Masken ansehen, ob auch alle Fäden und Schnüre in Ordnung sind, so daß die Flossen der Fische sich bewegen und die Mäuler sich öffnen.»

Unter einer grünen Fichte, etwas abseits von den anderen, stand Marta ganz für sich; sie hielt die Augen auf den Vikar gerichtet. Wie mager er war und wie bleich! Seit wann lag dieser Ausdruck in seinem Gesicht, den sie in ihrem langen Leben so oft gesehen hatte und so gut kannte? Nicht der harte Winter hatte sein Gesicht so verändert. Es war der Tod, dessen Hand es sanft berührt hatte, noch bevor die Eule den Namen rief.

Während die anderen noch über das Potlatsch-Fest sprachen, ging Marta nach Hause und schrieb langsam und bedächtig einen Brief an den Bischof:

«Hochwürden, Ihre Freundin Marta Stephens erfüllt hiermit ihr Versprechen. Wenn T. P., der Älteste, ein Potlatsch für Jim Wallace veranstaltet, sollten Sie kommen. Es ist dann an der Zeit. Gott segne Sie.»

Drei Wochen lang ging es im Dorf so geschäftig zu, wie Mark es noch nicht erlebt hatte, abgesehen von der Zeit, als das neue Pfarrhaus gebaut wurde. Abends überprüften die älteren Männer im Gemeinschaftshaus die Masken. Beim Spielen nach der Schule übten die Kinder die Tanzschritte. Die jüngeren Männer säuberten das Langhaus, zimmerten Sitzbänke aus Brettern für die geladenen Gäste und sammelten Holz für das große Feuer, das in der Mitte des Raumes auf der festgestampften Erde brennen würde.

Mrs. Hudson kontrollierte die Festgewänder, um sich zu vergewissern, daß die Abalone-Muscheln und die altertümlichen Schmuckknöpfe noch fest saßen, und sie und die Frauen sowohl aus Jims als auch aus Gordons Familie fuhren zweimal nach Alert Bay, um die Geschenke und die benötigten Lebensmittel zu besorgen.

Endlich war alles bereit. Die Wandnetzfischer und die Wadenfischer aus den anderen Dörfern trafen am Floß ein, und die Kanus fuhren Stunde um Stunde den Fluß hinauf und hinunter und brachten die Gäste ins Dorf. Als das letzte Kanu anlangte, stiegen zwei Indianer in ihren langen Gummistiefeln ins kalte Wasser und trugen den Bischof an Land, und ein aufgeregtes Wispern lief durch die Fichten, als die Kinder die Nachricht verbreiteten. «Der Bischof ist da. Der Bischof ist gekommen.»

An diesem Abend fand im Gemeinschaftshaus ein großes Fest statt. Anschließend begaben sich die Dorfbewohner zum Langhaus, wo T. P. und seine Familie die Gäste begrüßten und ihnen ihre Plätze anwiesen. Und dann gab es auf der Welt nur noch die Schatten der geschnitzten Hauspfosten, die wirbelnden, mit Hermelinschwänzen besetzten Gewänder, das flackernde Feuer und keine anderen Laute als das Dröhnen der Trommeln, das Klappern der Rasseln und die Gesänge. Mark und der Bischof saßen auf den Ehrenplätzen rechts vom Feuer und sahen dem Tanz des Fisches und dem Hunde-Tanz zu. Sie sahen Jim den Tanz des zornigen Mannes ausführen, der sich im Wald verirrt hat; seine Vogelmaske war so riesig, daß ein anderer Tänzer ihn führen mußte, damit er nicht ins Feuer fiel. Mehr war vom berühmten Hamatsa nicht übriggeblieben.

Als der Tag graute, der Tanz vorüber war und den Gästen Erfrischungen gereicht worden waren, wurden die Geschenke verteilt: Bettwäsche, Handtücher, Hemden, und als die Gäste gingen, bekam jeder von ihnen einen blanken Silberdollar überreicht.

Am zweiten Tag fand abermals ein großes Fest statt, wiederum mit Tänzen, und am dritten Morgen begann der Auszug der Gäste. Während die Kanus die letzten von ihnen den Fluß hinunterbrachten, blieb der Bischof noch in dem nunmehr stillen Dorf. Mark sah ihn unten am Fluß mit Marta sprechen. Später, als er zufällig ans andere Ende des Dorfes ging, sah er den Bischof mit Peter, dem Holzschnitzer, auf dessen kleiner Veranda sitzen. Und am Nachmittag sah er ihn allein die Kirche betreten.

Irgend etwas bekümmert ihn, dachte Mark. Er hat seine Sorgen in die Kirche getragen und sie am Altar niedergelegt, wie auch ich es schon viele Male getan habe.

Beim Abendessen im Pfarrhaus sprach der Bischof nur wenig,

und am nächsten Morgen verließen sie beide in aller Frühe das Dorf und fuhren mit dem kleinen Beiboot zum Floß.

Als sie nach Kingcome Inlet kamen, machte der Bischof Mark ein Zeichen, er solle den Motor abstellen.

«Lassen wir uns etwas Zeit», sagte er. «Es ist so selten, daß ich ein paar Stunden für mich selbst habe.»

Die leichte Brise trug die Verheißung des Frühlings herbei. Sie sahen das am Steilufer vertäute Floß und dahinter die gezackte Narbe, die der große Erdrutsch hinterlassen hatte.

«Immer wenn ich das Dorf verlasse», sagte der Bischof langsam, «versuche ich mir klarzumachen, was es für mich bedeutet, warum ich von dort jedesmal innerlich gestärkt und zuversichtlich in die Welt zurückkehre. Aber mein Versuch schlägt immer fehl. Es ist so einfach und doch so kompliziert. Wenn ich versuche, es in Worte zu fassen, kommt dabei stets nur eine dieser salbungsvollen, übertrieben frommen Plattheiten heraus, wie man sie gemeinhin von einem Bischof erwartet.»

Beide Männer lachten.

«Doch sobald ich wieder hier bin und die große Narbe sehe, wo das Steilufer des Inlet sein Inneres zeigt, weiß ich es für kurze Zeit.»

«Was, Hochwürden?»

«Daß es hier, wo nur das Wesentliche zählt, für mich immer leichter war, das zu lernen, was jeder Mensch auf dieser Welt lernen muß.»

«Und das wäre, Hochwürden?»

«Den Sinn des Lebens so weit zu erfassen, daß man bereit ist zu sterben.» Der Bischof gab Mark ein Zeichen, den Motor wieder anzuwerfen, und sie fuhren weiter.

Während der dreistündigen Fahrt zum Floß-Laden wechselten sie sich am Ruder ab. Einmal verließ der Bischof die Kajüte, und Mark hörte ihn in der Kombüse mit Töpfen und Pfannen rasseln. Er kam mit einem Teller voller Sandwiches und zwei Bechern Kaffee wieder. Als sie am Floß-Laden anlangten, begrüßten die beiden Waschbären sie mit ihren seltsam schwirrenden Lauten, und der Bischof fütterte sie mit Brotrinden.

Erst als das kleine Flugzeug auf dem Wasser niederging, brach der Bischof sein Schweigen.

«Ich will daran denken, mich nach einem Nachfolger für Sie umzusehen, Mark. Ihre Zeit im Dorf ist fast um. Sobald ich den richtigen gefunden habe, schreibe ich Ihnen, und wenn Sie hier weggehen, dann kommen Sie zu mir.»

«Ja, Hochwürden.»

21

Als das kleine Wasserflugzeug abhob und bald darauf verschwunden war, kehrte Mark zu seinem Motorboot zurück, prüfte Öldruck und Wasserstand und machte sich auf den Weg nach Knight's Inlet, um sein Katastrophen-Bill gegebenes Versprechen einzulösen. Die Gewißheit, daß er von hier fortgehen, daß alles hier zu Ende gehen würde, ließ mit einemmal alles irgendwie anders aussehen als sonst, und er empfand plötzlich einen stechenden Schmerz bei diesem Gedanken und zugleich eine leise, unerwartete Furcht, wie sie jeder größeren Veränderung vorangeht, sei diese nun traurig oder freudig.

Wie würde er sich in einer Welt zurechtfinden, die er fast vergessen hatte? In einer Welt, in der die Menschen eine künstliche Nebelwand zwischen sich und dem Wesentlichen errichteten, dessen Vorhandensein sie fürchteten und darum fast immer leugneten? Hier, wo der Tod hinter jedem Baum wartete, hatte er Freundschaft mit der Einsamkeit geschlossen, mit dem Tod und mit der Entbehrung, und als Rückenstütze hatte er die feste Mauer seines Glaubens gehabt.

Was hatte er erreicht? Der Bischof hätte auf diese Frage wahrscheinlich geantwortet: «Das werden Sie vermutlich nie erfahren, doch vielleicht wird sich von Ihrem Wirken dort irgend etwas in Keetahs Kind offenbaren oder in Gordons Leben. Jedenfalls haben Sie Ihren kleinen Anteil beigesteuert.»

Und was hatte er gelernt? Ganz sicher nicht die Wahrheit über die Indianer. Es gab nicht nur eine Wahrheit. Er hatte ein wenig von der Wahrheit eines einzigen Stammes in einem einzigen indianischen Dorf erfahren. Er hatte die Schwermut, die Fülle, die tragische Schmerzlichkeit einer Lebensart kennengelernt, die mit jedem Jahr Stück für Stück dem Gedächtnis entschwand und im Grunde schon vergangen war. Eine Zeitlang war er ein Teil davon gewesen, einer jener einfachen, unbekannten Menschen, die an irgendeinem entlegenen Ort ihren Platz einnehmen und ohne viel Aufhebens ihre Pflicht tun.

Als Mark nach Knight's Inlet kam und sich schon fast in der Mitte des Inlet befand, bot sich ihm unversehens ein merkwürdiger Anblick. Zwei Holzarbeiter brachten ihr Floßlager an einen neuen Liegeplatz. Umgeben von Schwimmbäumen, die durch Ketten miteinander verbunden waren, schwammen in zwei Reihen die Wohnhütten, die Werkstatt, das Gemüsegärtchen und die kleineren Lastflöße. Ein Schleppdampfer hatte sein Schlepptau an der Bugstange des Floßes befestigt und zog, was die Maschine hergab.

Doch die Flut stieg, und als Mark seine Fahrt verlangsamte und sich so nahe wie möglich an den Schlepper heranwagte, hatte er den Eindruck, daß das kleine Gemeinwesen kaum von der Stelle kam, und er öffnete die Tür des Steuerhauses und schrie hinüber: «Schafft ihr's denn?» Und der Kapitän des Schleppers brüllte zurück, daß sie für fünfundzwanzig Meilen dreiundzwanzig Stunden gebraucht hätten und noch vier Meilen bewältigen müßten, und Mark brüllte zurück, er werde ihnen beim Schleppen helfen.

Sechs Stunden zog nun auch sein Boot mit, und er stand entweder am Ruder oder wechselte, wenn jemand vom Schlepper ihn ablöste, auf eines der Flöße mit den Wohnhütten über. Die schottische Großmutter der beiden Brüder, denen das schwimmende Lager gehörte, machte Sandwiches und eine große Kanne Tee. Die drei Kinder führten ihn stolz in das winzige Schulzimmer, in dem die Granny sie jeden Vormittag unterrichtete. Die beiden Ehefrauen zeigten ihm die Lichtanlage, die Waschmaschine und den Kühlschrank.

Das kleinere Mädchen legte Mark den Kater Robert Burns in den

Schoß, der die Hochachtung aller genoß, weil er im vergangenen Sommer einen großen Braunbären, der über einen Schwimmbaum auf das Wohnfloß spaziert gekommen war, mit einem so gräßlichen Geschrei empfangen hatte, daß der Bär vor Schreck ins Wasser gefallen war.

Das Floßlager schien stillzustehen, während die grünen Steilufer des Inlet langsam und majestätisch vorüberglitten. Als der neue Liegeplatz erreicht war und Schlepper und Motorboot anhielten, sprachen die beiden Holzarbeiter noch ein Weilchen mit ihm über die neue Technik des Holzfällens, die größere Ausbeute und die steigenden Kosten. Als er sich von diesen redlichen, freundlichen Leuten verabschiedete, war ihm, als kenne er sie schon sein ganzes Leben.

Nun legte er die Karte, die er unter Bills Kopfkissen gefunden hatte, neben den Kompaß und suchte auf der linken Seite des Inlet nach dem schmalen Wasserarm, fand ihn und fuhr hinein; er drosselte die Geschwindigkeit so weit, daß das Boot sich kaum noch bewegte, und hielt Ausschau nach der kleinen Bucht, die Katastrophen-Bill mit einem Kreuzchen markiert hatte. Als sie vor ihm lag, stellte er den Motor ab und ließ das Boot langsam hineintreiben.

Zur Flutzeit waren die Strudel verschwunden, und keine noch so kleinen Wellen kräuselten die Wasseroberfläche. Das Wasser spiegelte die steilen Abhänge wider, die grünen Fichten und Zedern und eine riesige Schierlingstanne, die seit Hunderten von Jahren hier stehen mußte. Hier übergab Mark Bills Asche dem Meer, und als er zu den Worten kam: «Und gib ihm die ewige Ruhe, o Herr», warf die Steilwand jenseits des schmalen Wasserarms das Echo zurück, leise und geisterhaft, als käme es aus einer anderen Welt. Sonst gab es keinen Laut, außer dem gedämpften Zirpen der auf den Klippen nistenden Möwen.

Bill, mein Freund, dachte er, du hast eine Beisetzung gehabt, prächtiger als die eines Königs; so sollte es immer sein, und einmal habe ich es nun erlebt, und er stellte den Motor an und fuhr aus der kleinen Bucht heraus und weiter bis ans Ende des Wasserarms, wo er für die Nacht vor Anker ging.

Am nächsten Morgen, nach dem Frühstück, machte er sich auf

den Rückweg, und als er an dem Floßlager vorbeikam, ließ er die Signalpfeife ertönen, und die schottische Großmutter und die Kinder stürzten ins Freie und winkten und riefen ihm etwas zu. Danach begegnete er niemandem mehr, kam an keinem Boot vorbei.

Den ganzen Tag lang fuhr er durch das längste und schönste der vielen Inlets, und ihm war, als sei etwas Sonderbares mit der Zeit vor sich gegangen. Als er ins Dorf gekommen war, hatte die Zukunft wie ein dunkler Berg vor ihm gestanden. So viel mußte bedacht, so viel gelernt werden. Dann hatte die Gegenwart ihn vollständig in Anspruch genommen – jeder einzelne Tag mit all seinen Aufgaben; nie hatten die Stunden ausgereicht. Inzwischen hatte die Zeit ihre Konturen verloren. Ihm war, als sähe er die Zeit jetzt so, wie der Rabe oder der kahlköpfige Seeadler, wenn sie hoch über dem Dorf kreisten, den Fluß sehen – ein einziges, fließendes Band.

Den ganzen Tag über, den er für die Rückfahrt nach Kingcome brauchte, drängten sich, da er allein und aufnahmebereit war, die kleinen Fragen und immer wieder unterdrückten Beobachtungen in sein Bewußtsein, und er wehrte sich jetzt nicht mehr dagegen, sie in Worte zu fassen: «Du bist müde. Du hast dir eingeredet, es sei der Winter, der für alle schwer zu ertragen war. Aber wußtest du nicht im tiefsten Inneren, daß es noch andere Gründe gab? Hattest du nicht, als der Bischof zum Potlatsch-Fest kam und noch blieb, als alle anderen Gäste schon abgefahren waren und du ihn ganz allein in die Kirche gehen sahst, das Gefühl, es hätte etwas mit dir zu tun? Und deine Schwester? Als du die Jungen fortbrachtest und bei dieser Gelegenheit mit ihr zu Mittag aßest, bemerktest du da nicht die Trauer in ihren Augen? Und erinnerst du dich nicht an das Gesicht des Arztes im Krankenhaus, an den Ausdruck stiller Resignation und wie er einen Augenblick zögerte, ehe er dir auf deine Frage antwortete? Und wie behutsam der Bischof die Rede auf das Dorf brachte? Dachtest du damals nicht: ‹Ihm scheint viel daran zu liegen, daß ich dort hingehe. Weshalb?›»

Die Dämmerung war schon eingefallen, als er in Kingcome Inlet einfuhr, das Motorboot am Floß vertäute und ins kleine Beiboot umstieg, und als es sich der Flußmündung näherte, leuchteten bereits die Sterne, ein heller Mond stand am Himmel, und er fuhr ganz langsam.

Schon bald würden die Schneegänse auf dem Rückweg zu ihren Nistplätzen in riesigen Scharen den Fluß überfliegen, der Schwimmer würde im Fluß aufsteigen, bis zu den Quellen, und auf dem Wasser würden sich die vorwitzigen, kleinen, rothalsigen Sägerentenpärchen ausruhen; der Erpel würde, sobald Mark vorbeifuhr, davonfliegen und das Weibchen so tun, als habe es einen gebrochenen Flügel, um ihn von ihren Jungen wegzulocken. Und alle Geschöpfe würden die Kraft der Erde verspüren und ihren kleinen Platz auf ihr kennen – wie der Indianer in seinem Dorf.

So fuhr er langsam den Fluß hinauf. In Höhe des Pfarrhauses ging er vor Anker und watete ans Ufer. Er stapfte über den schwarzen Sand zum Weg hinauf und blieb stehen. Aus den dunklen Fichten hörte er eine Eule rufen – einmal und noch einmal –, und die Fragen, die während des ganzen Tages immer drängender geworden waren, hatten die Tür zu seinem Bewußtsein nun erreicht und sie aufgestoßen.

Er ging den Weg und dann die Stufen zum Pfarrhaus hinauf, durch das Wohnzimmer in die Küche. Es brannte Licht, und Marta war dabei, ihm das Abendessen zu bereiten.

«Marta, eben ist etwas ganz Merkwürdiges passiert. Ich hörte die Eule meinen Namen rufen, unten am Fluß.» Es klang wie eine Frage, auf die er eine Antwort erwartete.

Sie sagte nicht: Unsinn, es war mein Name, den die Eule rief. Ich bin alt, und bei mir ist es nicht schlimm. Sie sagte auch nicht: Ja, es stimmt, Sie sind auffallend mager und bleich, aber wer ist das nicht? Denken Sie nicht weiter darüber nach.

Den Löffel noch in der Hand, drehte sie sich um, hob ihr liebes, gutes, von unzähligen Runzeln durchzogenes Gesicht und beantwortete seine Frage, wie sie jede andere Frage beantwortet hätte.

Sie sagte: «Ja, mein Sohn.»

22

In dieser Nacht stürzte der Frühjahrsregen in wahren Wolkenbrüchen vom Himmel, während der junge Vikar damit rang, woran kein Mensch zweifelt und dem doch kein Mensch je bereit ist ins Auge zu sehen. Einer der Gedanken, die ihn trösteten, hatte mit seinem Leben hier an der Nordwestküste zu tun: Er dachte daran, wie oft es so ausgesehen hatte, als führe das Motorboot mit ihm und Jim geradewegs auf eine Klippe oder ein steiles Ufer zu, und dann, im letzten Augenblick, fand sich doch irgendein kleiner, schmaler Meeresarm, der sie ungefährdet weiterleitete. Doch ebenso groß und erschreckend wie die Tatsache, daß er sterben mußte, war der Gedanke, von hier fortgehen zu müssen. Wie konnte er jetzt fortgehen in eine Umgebung, die er nicht mehr kannte und wo er, während er auf den Tod wartete, ein Fremder sein würde?

Am Morgen hatte es aufgehört zu regnen; der Himmel zeigte eine aufgerissene Wolkendecke, durch die sich die Sonne Bahn brach. In den Erlen krächzten die Raben, und hoch oben überflog wie so oft eine Schar kleiner Vögel den Fluß. Als Jungvögel waren sie im Herbst, ohne daß ein älterer Vogel ihnen den Weg gewiesen hätte, über das Dorf hinweggeflogen, über Landstriche, die sie nie gesehen hatten, zu dem südlichen Tal, in dem die Vogelart, zu der sie gehörten, schon seit unzähligen Jahrhunderten überwinterte, und so flogen sie jetzt zurück zu den Nistplätzen.

Er ging langsam ans Flußufer. Alles war wie immer. Die kleinen Kinder, die noch keinen Schulunterricht hatten, kamen ihm entgegengelaufen, um ihn zu begrüßen. Die älteren Männer schöpften das Regenwasser aus den Kanus, und Mrs. Hudson stakte in die Mitte des Flusses, um ihren Abfallkübel auszuleeren. In den dunklen Augen lag die übliche Trauer, die Stimmen waren sanft, die Lippen bereit zu lächeln, die Hände hoben sich zum Gruß wie immer.

«Guten Morgen, Mark.»

«Dieser Regen heute nacht! Haben Sie es gehört?»

«Das ganze Dorf ist naß wie ein Schwamm.»

«Aber der Vormittag wird schön.»

«Das ist nicht von Dauer. Gegen Abend haben wir wieder Sturm.»

Sie wußten es nicht, und wie sollte er es ihnen sagen? Wie sollte er das Mitleid ertragen, das in die traurigen Augen treten würde? Und er bemühte sich verzweifelt, zu sprechen wie immer, wandte sich dann langsam ab und ging am Pfarrhaus vorbei, an der Kirche, an dem Zedernmann am Fuß des großen Totempfahles und weiter den Hauptweg entlang, der durch das stille Dorf führte. Als er das letzte Haus, das von Peter, dem Holzschnitzer, hinter sich hatte, nahm er den schmalen Pfad durch den tiefen, feuchten, regenduftenden Wald, bis er zu der Lichtung kam, wo früher die Toten bestattet wurden.

Dort stand er, allein in einer Welt, die zum Wartezimmer geworden war, und als er sich endlich zum Gehen wandte, erblickte er Keetah, die ihn ansah. Sie kam langsam auf ihn zu und legte die Hände auf seine Schultern.

«Ich bin gekommen, um für uns alle zu sprechen, Mark. Es geht um eine Bitte, die wir an Sie richten möchten.»

«Aber gern, Keetah. Soweit es in meiner Macht steht, erfülle ich sie mit Freuden.»

«Bleiben Sie bei uns. Marta hat es uns erzählt. Wir haben an den Bischof geschrieben und ihn gebeten, daß er Sie hier läßt, denn dies ist Ihr Dorf, und wir sind Ihre Familie. Sie sind der Schwimmer, der aus dem weiten Meer zu uns gekommen ist», und er legte die Arme um sie und preßte sie stumm an sich, da er die Worte nicht fand, um Dank zu sagen für das plötzliche, unerwartete Geschenk des Friedens, der Ruhe, das die Menschen hier ihm auf ihre stille, feinfühlige Art zukommen ließen.

Am Spätnachmittag dieses Tages ereignete sich einer jener kleinen, für Marks Leben im Dorf so charakteristischen Zwischenfälle. Ein junger Holzfäller, der schon lange im Wald arbeitete, suchte den Bierausschank eines Floß-Ladens auf, trank zu schnell und zuviel, stahl ein kleines Motorboot und fuhr, beschwipst wie er war, trotz Sturmwarnung aufs Wasser hinaus. Da er mit dem schnellsten Boot losgefahren war, wurde Mark aufgefordert, sich an der Suche zu beteiligen.

Jim hörte die Meldung über Funk und kam sofort, um Mark Bescheid zu sagen. Zusammen fuhren sie den Fluß hinunter, vorbei an den Baumstümpfen unter Wasser und den ineinander verkeilten Baumstämmen, und stiegen am Floß in das Motorboot um. Sie fuhren aus Kingcome Inlet hinaus. Jim hielt das Ruder, während Mark auf dem hochbeinigen Hocker neben ihm saß und mit dem Fernglas die Felsen, Riffe und versteckten kleinen Buchten absuchte.

Schon zwei Stunden dauerte ihre Suche, doch sie hatten den betrunkenen Holzfäller noch immer nicht gefunden. Als sie an jene Stelle kamen, wo das Boot in die vom Königin Charlotte-Sund auflaufende Gezeitenströmung geriet und zu stampfen begann, erfuhren sie über Funk, daß man den jungen Holzfäller gefunden habe; keine drei Meilen von der Stelle entfernt, wo er losgebraust war, hieß es, klemme das gestohlene Boot genau zwischen zwei Felsblökken, während der Mann friedlich seinen Rausch ausschlafe.

«Und wir fahren bei diesem Wetter durch die Gegend und verbrauchen unnötig Benzin», brummte Jim. «Auf den Gedanken, daß wir Hunger haben könnten, kommt niemand. Ich hoffe nur, der Kerl hat so viel Lebensart, sich anschließend zu ertränken.»

«Er wird sich vermutlich nicht mal einen Schnupfen holen. Ich mach uns jetzt erst einmal einen Kaffee.»

Sie fuhren, wie so oft, schweigend zurück. Als sie nach Kingcome Inlet kamen, hielt Mark das Ruder, während Jim neben ihm stand und im Licht des Scheinwerfers nach treibenden Baumstämmen Ausschau hielt.

«Jim.»

«Ja.»

«Wenn ich nicht mehr im Dorf bin, kümmere dich um Keetah. Schlage nicht auf den Tisch, wenn du Kaffee willst, sondern sag *bitte*, und wenn sie dir die Tasse reicht, sage *danke*. Du wirst sehen, daß es sich auszahlt.»

«Was heißt *auszahlt*?»

«Daß das Ergebnis sich lohnt. Und wenn du für Keetah ein Haus baust, so höre dir an, was sie dazu zu sagen hat. Und laß sie nicht zu lange allein im Dorf. Nimm sie und die Kinder manchmal mit, wenn du zum Fischen fährst, und fahr einmal im Jahr mit ihr hinaus in die Welt da draußen, damit sie sich daran gewöhnt. Eines Tages, wenn es das Dorf nicht mehr gibt, werdet auch ihr über die Brücke gehen müssen.»

«Sie bitten mich, das für Keetah zu tun? Warum?»

«Weil ich sie auch gern habe – genau wie dich.»

Dann schwiegen sie; die Bugwelle schimmerte weiß durch die Nacht. Als sie sich dem Floß näherten, hörten sie einen Donnerschlag, und ein Blitz zerriß den Himmel und schlug rund vierzig Yards vor dem Boot in einen hoch oben auf dem Steilufer stehenden Baum am Ende des Inlet ein. Im Fallen riß der Baum, da die anhaltenden Regenfälle das Erdreich durchtränkt hatten, tiefer stehende Bäume mit, und sie fielen, zuerst langsam und dann schneller und immer schneller, bis ein langes Stück Steilufer sich löste und herausbrach und die Welt mit Getöse zerbarst.

23

Im Dorf hörte sich das Krachen, mit dem die Erdmassen in die Tiefe stürzten, sogar noch anhaltender und lauter an, da das Geräusch zwischen den Steilufern hin und her geworfen wurde und selbst dann noch widerhallte, als das Wasser sich schon wieder glättete.

Die Dorfbewohner hörten es und wußten, was es bedeutete, genau wie ihre Vorfahren. Das Geräusch lag fest eingebettet in ihrem Gedächtnis und lebte in den Mythen. Das Geräusch gab dem Whoop-Szo seinen Namen: «Und die Götter, die auf dem Lärmenden Berg wohnten, sahen den Feind den Fluß herunterkommen und sandten einen gewaltigen Erdrutsch in die Tiefe, um ihn zu vernichten.»

In den kleinen Zedernhäusern nahmen die Männer sich nicht die

Zeit, die Lampen zu entzünden, sondern zogen eiligst Hemd und Hose an, Jacken und Gummistiefel, suchten ihre Geräte zusammen und griffen nach den Laternen. Gedämpfte Schritte erklangen in der plötzlich totenstillen Nacht auf dem am Pfarrhaus vorbei zum Flußufer hinunterführenden Weg. Das Wasser spritzte auf, als die Männer zu den Booten wateten, und eine Frauenstimme war zu hören, die ihnen nachrief: «Seid vorsichtig – gebt gut acht», und brummend sprangen die Außenbordmotoren an.

Dann waren sie fort. Zurück blieben nur die Frauen und Kinder, die Alten und Kranken; sie blieben allein, zum Warten verurteilt, wie es das Los der Frauen überall und zu allen Zeiten gewesen ist.

Sie warteten die ganze Nacht. Am nächsten Morgen kam einer der Männer zurück, um Essen zu holen, und die Frauen erfuhren nähere Einzelheiten: Der Erdrutsch war genau auf das Boot des Vikars niedergegangen; die Männer hatten die Wrackteile gesehen und eine Stimme rufen hören, doch sie hatten nicht nahe genug heranfahren können, um zu erkennen, wessen Stimme es war. Sie hatten sowohl die Polizei als auch den Bischof verständigt. Aus den Holzfällerlagern waren ebenfalls Männer und Boote eingetroffen, um sich an der Suche zu beteiligen.

Die Frauen warteten den ganzen Tag. Doch Keetah konnte nicht still mit den anderen warten, wenn der Blauhäher seinen Namen rief. Mit seinem «Kwess-kwess-kwess-kwess» schien er zu fragen: «Welcher? Welcher?» und Keetah ging durch das Dorf und unter den dunklen, nassen Bäumen bis zu dem Berg, der hinter dem Dorf aufragte, und kletterte den Abhang hinauf bis zu der Stelle, von wo aus man den Fluß bis zur Mündung überblicken konnte.

Keetah wußte nicht, daß ihre Ururgroßmutter vor langer, langer Zeit genau das gleiche getan hatte. Keiner der Dorfbewohner erinnerte sich heute noch daran, daß in den Tagen der großen Stammesfehden jeder Krieger, bevor er seinen Platz im Kanu einnahm, seinen Atem in einen länglichen Streifen getrockneten Riementangs geblasen hatte, den er dann zu einem Halsring flocht und seiner Frau mit den Worten: «Wache über meinem Odem» umlegte. Keetahs Ururgroßmutter hatte den Ring am Kopfende ihres Bettes aufgehängt, und als sie eines Tages sah, daß er ganz schlaff und welk geworden war, war sie hier zu dieser Stelle auf den Berg gelaufen, um Ausschau nach den zurückkehrenden Kanus zu halten und zu sehen, ob ihr Mann auf seinem gewohnten Platz saß. Und mit lauter Stimme hatte sie die Götter und die Schutzgeister des Stammes um Hilfe angefleht: «Komm, Wolf, komm, Schwimmer, komm, Rabe, komm, Adler», ja, selbst den Kannibalen am Nordende der Welt.

Doch Keetah vermochte nicht, sich zwischen Mark und Jim zu entscheiden. Sie betete für beide; sie wartete Stunde um Stunde. Als das Kanu in den Fluß einlief und sie die in eine Decke gehüllte Gestalt auf der Sitzleiste sah, konnte sie nicht erkennen, wer es war, und sie machte sich auf den Rückweg, kletterte vorsichtig den glatten Schieferabhang hinunter und ging, vorbei an Teufelskrallen, die ihre Arme zerkratzten, durch den dunklen Wald zum Dorf zurück.

Sie sah die alten Männer vor dem Kulthaus stehen, und als sie an ihnen vorüberging, hörte sie, wie sie miteinander sprachen.

«Wir müssen alles sorgfältig vorbereiten. Es ist viel zu tun.»

«Aber der Bischof kommt erst in zwei Tagen. Das läßt uns Zeit.»

«Ja, aber er kommt nicht allein. Aus allen Dörfern werden Besucher kommen, und sie müssen untergebracht und beköstigt werden.»

«Wir haben Zeit. Die Polizei hat die Genehmigung zur Beisetzung noch nicht gegeben, und das Schiff hat den Sarg aus Alert Bay noch nicht gebracht. Nicht vor morgen abend werden sie die Leiche bringen, und dann werden auch alle, die bei der Suche mitgeholfen haben, wieder da sein, sowie die Fischer, und dann gibt es Hände genug.»

Keetah ging langsam zum Pfarrhaus, stieg die Stufen hinauf und hielt vor der Tür an. Sie fürchtete sich davor, sie zu öffnen, hatte Angst vor der Wahrheit, die sie erwartete. Endlich trat sie ein.

Am Küchentisch saß, den Kopf in den Armen vergraben, Jim. Er hob ihn langsam.

«Du hast geweint.»

«Das kommt vom Salzwasser, deshalb sind meine Augen so rot. Ich habe seit meinem achten Lebensjahr nicht mehr geweint. Damals machte ich einen falschen Schritt beim Tanz und wurde von meiner Mutter gescholten.»

«Du hast geweint, weil auch du ihn liebtest. Was wirst du jetzt machen?»

«Ich werde mit dem Boot meines Onkels auf Fischfang gehen. Und im Herbst, wenn die Fangsaison vorbei ist, fange ich damit an, die Seitenwände meines Hauses zu errichten und das Dach aufzusetzen, und im Winter mache ich das Haus von innen fertig, und dann frage ich dich, wie du es haben willst.»

«Und dann?»

«Früher hätte ich meine Schwestern aufgefordert, dich in mein Haus zu holen, und damit wärest du meine Frau gewesen. Jetzt werde ich warten. Wenn du kommst, schlage ich nicht auf den Tisch, wenn ich Kaffee haben will. Ich werde dich nicht allzu lange allein lassen und jedes Jahr einmal mit dir wegfahren und dir die Welt da draußen zeigen, denn Mark hat es mir extra gesagt, wenn das Dorf einmal nicht mehr sei, müßten auch wir imstande sein, über die Brücke zu gehen.»

«Wenn das Haus fertig ist, werde ich dich heiraten.»

Am Abend war jedes Haus im Dorf erleuchtet.

«Wer wird das Grab ausheben? Wer wird den zugewachsenen Pfad freihauen?» Und die jungen Männer antworteten: «Das machen wir.»

«Und wer schneidet die Zedernzweige für die Kränze? Wer holt im Wald die jungen Farnwedel?» Und die Kinder antworteten: «Das machen wir.»

Im Haus von Mrs. Hudson sagten die jungverheirateten Frauen in der Kwákwala-Sprache zu ihr: «Es werden viele Gäste kommen. Welches Fleisch sollen wir zubereiten?»

«Roastbeef.»

«Und wieviel?»

«Hundertfünfzig Pfund.»

«Und als Gemüse?»

«Mohrrüben.» Tränen liefen der alten Frau über die Wangen. «Er mochte keinen Rübenbrei, und trotzdem habe ich es ihm vorgesetzt. Ich bin eine eigensinnige alte Frau und meine immer, es müßte nach meinem Kopf gehen.» Und die jungen Frauen umringten sie wie Küken die Glucke. «O nein, nein, nein.»

Am Spätnachmittag des nächsten Tages war alles bereit. Der Waldpfad war freigehauen, das Grab ausgehoben, die Kränze gebunden. Die Kirche war geputzt, die Betten im Pfarrhaus waren frisch bezogen worden. Das Dorf wartete und lauschte, und als die Kinder die Kanus den Fluß heraufkommen hörten, rannten sie zum Ufer und riefen: «Sie kommen. Sie bringen ihn.»

In seinem winzigen Haus hörte der Lehrer die trappelnden Füße, die zum Fluß hinuntereilten, und er ging rasch an die Tür, vermochte sie jedoch nicht zu öffnen. Gemeinsamkeit mit den anderen hieß teilnehmen, und teilnehmen hieß leben und leiden.

Die Dorfbewohner warteten am Ufer, und als die Kanus hinter der Flußbiegung auftauchten, stimmten die Alten ein Klagelied an, in der alten Sprache, die die Jugend nicht mehr verstand: «Aie-aie-aie – er hat uns verlassen – aie-aie-aie», bis selbst der Wind es zu flüstern schien und die Bäume seufzend mit einstimmten.

Dann wateten die Männer ins eiskalte Wasser, den Kanus entgegen, und alle beteiligten sich abwechselnd daran, den toten jungen Vikar zum schwarzen Ufersand von Kingcome zu tragen, während die Frauen eine uralte Hymne an das Höchste Wesen sangen, an das ihre Vorfahren schon geglaubt hatten, lange ehe der weiße Mann dieses Land betrat. Und als der Leichnam für die Beisetzung vorbereitet war, trugen sechs Männer den Sarg in die Kirche, in der die Dorfbewohner bereits warteten, und stellten den Sarg vor dem Altar ab, und T. P., der Älteste, nahm seinen Platz am Chorpult – dem goldenen Adler – ein und sprach, zusammen mit den Dorfbewohnern, das Vaterunser:

Kunuh Umpa Laka ike Mayauntla Hyis
Glikum us: gak la hyis gikasa us;

....
Au uma gagila gakunuh
Laka yahsami

Das einzige Licht, das in dieser Nacht im Dorf brannte, war die Laterne, die Jim in die kleine Kirche zum heiligen Georg gestellt hatte. Im Dorf war alles still und friedvoll.

In ihrem Haus lag die alte Marta im Dunkeln wach und sagte leise: «Geh immer geradeaus, mein Sohn. Sieh nicht zurück. Wende nicht den Kopf. Du gehst in das Land unseres Herrn.»

Im letzten Haus des Dorfes lag Peter, der Holzschnitzer, ebenfalls wach, und er dachte daran, daß in früheren Tagen, wenn ein großer Häuptling gestorben war, seine Seele unverzüglich im schwarzglänzenden Körper eines Raben ins Dorf zurückkehrte, während die Seele eines geringeren Mannes in dessen eigener Gestalt zurückkam, jedoch nur daumengroß, wie ein *ha-moo-moo,* ein Schmetterling. Peter nahm das nicht wörtlich. Und doch schien es ihm durchaus möglich, daß die Seele des jungen Vikars hierher zurückkehrte, in das Dorf, das er geliebt hatte, so wie seine, Peters, Seele es tun würde, und es wäre wenig gastfreundlich, wenn niemand wach blieb und sie erwartete. Also kleidete er sich an und setzte sich in der dunklen Nacht auf die oberste Stufe seines Hauses, und als er das Geraschel irgendwelcher nächtlicher Tiere hörte, sagte er leise: «Es ist nur der alte Peter, der Holzschnitzer, der hier wartet, mein Freund.»

Am Dorf vorbei floß der Fluß – wie die Zeit, wie das Leben selbst. Er wartete darauf, daß der Schwimmer wiederkäme, auf dem Weg zum Höhepunkt seines abenteuerreichen Lebens und zu dem Ende, für das er geschaffen wurde.

Wa Laum
(Das ist alles)